看见可能　怀抱希望

王欢　主编

中国发展出版社
CHINA DEVELOPMENT PRESS

图书在版编目（CIP）数据

看见可能　怀抱希望 / 王欢主编. —北京：中国发展出版社，2021. 8
ISBN 978-7-5177-1161-2

Ⅰ. ①看… Ⅱ. ①王… Ⅲ. ①儿童教育—特殊教育—教育工作—文集
Ⅳ. ①G76-53

中国版本图书馆CIP数据核字（2021）第021307号

书　　　名：看见可能　怀抱希望
主　　　编：王　欢
出 版 发 行：中国发展出版社
联 系 地 址：北京经济技术开发区荣华中路22号亦城财富中心1号楼8层（100176）
标 准 书 号：ISBN 978-7-5177-1161-2
经　销　者：各地新华书店
印　刷　者：北京市密东印刷有限公司
开　　　本：710mm × 1000mm　1/16
印　　　张：16.25
字　　　数：220千字
版　　　次：2021 年 8 月第 1 版
印　　　次：2021 年 8 月第 1 次印刷
定　　　价：48.00元

联 系 电 话：（010）68990642　68990692
购 书 热 线：（010）68990682　68990686
网 络 订 购：http：//zgfzcbs.tmall.com
网 购 电 话：（010）68990639　88333349
本 社 网 址：http：//www.develpress.com
电 子 邮 件：fazhanreader@163.com

本书编委会

主　　编： 王　欢

副 主 编： 洪　伟　卞之慧　王　菁　乐　波　陆　军　赵丹阳　张连洁

编　　委： 李　鹏　张　娜　钱　程　李云飞　周　育　赵国平　李　娟　王长江

参编人员：（按姓氏音序排名）

曹新颖　陈玉梅　杜海鹏　高　君　郝建新　贺春莉
胡海妮　化国辉　贾天音　金秋钰　孔　悦　李　享
李　迎　李海溧　李宏梅　李素敏　梁新燕　林　萍
刘　晶　刘　颖　刘腾玲　马　岩　任　杰　宋　菁
田丽娜　王　珈　王　静　王　雯　王　弋　王庆庆
王晓明　王元臻　王竹新　魏　瑄　魏秀建　吴　玥
吴丽梅　肖　茜　杨　博　杨晓雅　尹　园　张　颖
张靖延　张梦玉　张昕宇　张旖旎　赵婧杉　郑继红
钟朝霞

在你的左右

这是王欢“名校长工作室”成员校老师们与特殊儿童相伴的工作纪实。

书中记录了一群普通的人民教师，为了实现“一个也不能少”而努力的心路历程。

这里有尊重理解的故事，这里有护佑生命的故事，这里有坚持不懈的故事，这里有师生共同成长的故事。这里的故事让人动容。

法国作家加缪曾经说过，不要走在我的后面，因为我可能不会引路；不要走在我前面，因为我可能不会跟随；请走在我的旁边，做我的朋友。

这些教师就是走在孩子们左右的朋友。也许他们做的事情并不那么重要，却很有可能点燃了别人的生命。

让我们一起打开这本纪实，一起做孩子们的朋友吧！

目　录

校长的话

关爱特需成长　熔铸家国信仰

▌史家教育集团　王　欢

如果说一个国家的文明程度取决于其对弱者的态度，那么一所学校的精神高度就取决于其对特需学生的教育温度。史家教育集团的价值主轴是面向全体学生的家国情怀教育。在迈向社会主义现代化强国之路上，我们致力于让每一个孩子都能够成为“具有家国情怀的顶天立地的中国人”。对于特需学生来说，如何让教育梦想照进成长现实？头顶的天，是我们共同的国；立身的地，是我们共建的家。基于“顶天立地”的家国担当，我们努力通过心理疏导、行为养成、人格塑造等一系列层递推进的健康教育干预，让特需学生“有家内心暖，有国格局大”。

信仰，在健康教育干预中具有不可替代的作用。我们理解的健康，是一种体格上、品格上和人格上的健全完好状态，是一种指向生命追求的核心成长素养，是一种关乎家国信仰的关键价值构成。我们着力倡导史家学生要“以家国情怀为底蕴，以健康快乐为底色，以种子生长为底气”，在学习成长中“强健体格、涵养品格、完善人格”。即不断提升健康素养，持续增强身体素质；始终保持积极进取、奋发向上的心态，不断增强内驱力、生长力和学习力；心怀“国格即人格”的成长认知，在家国担当中聚力挥写一个顶天立地的“人”字。

人的价值是教育价值的根本。我们留下一个什么样的世界给子孙后代，在很大程度上取决于我们给世界留下什么样的子孙后代。今天教育赋予他们的，正是明天他们给予世界的。从这个意义上讲，我们更多关爱特需学生今天的成长世界，就是给全体孩子的未来世界播洒更加灿烂的生命阳光！就让我们在新时代教育中情筑家国、学益万方，进一步促进学生全面健康成长，在“少年强则中国强”的齐声激荡中并肩开步、携手同行！

融合：多种资源与力量的聚集

▍东城区安外三条小学　卞之慧

教育是人生存和发展的重要基础。特殊教育是促进残疾儿童全面发展、帮助他们将来更好地融入社会的基本途径。发展特殊教育本身就是尊重人的多样性、推进教育公平的重要途径。时至今日，实施融合教育已经成为全球教育的发展主题，是实现教育公平与优质教育的必经之路。

中华民族的先贤在实践中孕育的智慧之一就有“和合”文化，中国人信奉和崇拜这样的文化，“和”与“合”早就融入我们每一个炎黄子孙的骨血中。“和”指的是和谐、和平、中和等，“合”指的是汇合、融合、联合等。这种“贵和尚中、善解能容、厚德载物、和而不同”的宽容品格，是我们民族所追求的一种文化理念。我们的融合教育就是在这样的文化理念下不断发展的。

“融合”首先意味着彼此接纳，是多种资源与力量的聚集。个体要在与群体接触的过程中，经过一定程度的熟悉和了解之后，形成心理认知上的理解、情感关系上的共情或态度倾向上的协调，从而真正达到融合的状态。我们绝不能将融合教育简单地理解为让残疾儿童在普通教学班里就读，这仅仅是一种跟随，并不是真正意义上的融合。每一个生命个体都有其存在的意义，都有着各自独特的价值。而当不同的个体汇聚在一起时，我们相信生命是可以彼此影响的，在不断地接触、了解、互动甚至摩擦中，个体之间互为资源，逐渐学会理解、包容，逐渐接纳多元，实现共赢，最终完成属于各自的成长。正是因为本着这样的初心，我们才踏上了融合教育的研究之路。

乐融乐享　真趣同行

——对九小、三小深度联盟校融合教育的思考与实践

▍东城区和平里第九小学、第三小学深度联盟校　乐　波

2015 年随着东城区深化教育综合改革的推进，和平里第九小学与和平里第三小学结成深度联盟；同年 8 月形成“一长两校”机制下的深度联盟办学模式，在组团发展的过程中建立了“九三学园”联盟。学园成立后，在继承优秀传统的基础上不断开拓创新，提出了办“有真有趣、三味书香”型品牌联盟校的发展目标，确立了“真趣”教育思想，并通过“五个建立”的重大举措实现了管理、师资、课程、场地和教育教学等优质资源的共享与双赢，在推进区域教育优质均衡发展的同时提升了联盟校的办学质量与特色。

联盟校在建设与发展过程中，应国家对基础教育办学过程中特殊教育的政策要求，我校高度重视融合教育工作，先后接收了智力障碍、听力障碍、肢体障碍等孩子正常入学随班就读，在“真趣”教育思想的引领下确立“乐融乐享、真趣同行”的联盟校融合教育理念，推进以理念为先导、以特色发展为目标的融合教育工作实践。

融合教育特色是指联盟校以提高全体学生的整体素质为目标，为有特殊教育需要的儿童构建学习、生活支持保障系统，创造最少受限制的学习氛围，使他们能有效融入联盟校的学习生活中，和正常孩子一起得到全面发展。它的核心是“面向全体，尊重差异，融合共享，真趣同行”。它的终极目标是建设联盟校全纳性教育，使全体学生得到全面发展。它与随班就读的关系是：随班就读是对有特殊教育需要的

学生的教育安置形式，融合教育是针对随班就读的安置形式提出的教育理念、教育策略和教育过程。

联盟校在建设发展中，通过确立融合教育理念、整合融合教育资源、建设和培训融合教育师资团队、创设融合教育环境、构建融合教育支持保障体系、研究融合教育实施策略等举措使特殊学生真正融入联盟校中，实现了“进得来、融得快、学得好”的目标。我校将融合教育的理念贯穿于联盟校整体工作之中，提倡教师树立正确的全面育人价值观，发扬联盟校办学风格和文化传统，带动联盟校教育教学整体水平提升，实现普通学生与有特殊教育需要学生的“互动双赢”。

联盟校的融合教育实践要按照教育规律办事，大致经历：起步阶段——加强融合教育培训及资源教室建设；发展阶段——构建融合教育的管理与运行体系；创新阶段——形成联盟校融合教育特色，提升融合教育品质。

一、起步阶段——加强融合教育培训及资源教室建设

开展融合教育可以提高随班就读工作质量，可促进教育教学的改革和联盟校的发展；可以促进健、残学生在融合的过程中共享真知趣学，达到理解尊重、养善培爱、互助双赢的目标。特殊儿童与普通儿童一起接受教育，不仅有利于特殊儿童的全面发展，还为他们将来平等参与社会工作与生活创造了条件。普通儿童在与特殊儿童一起学习与生活的过程中懂得关心、学会帮助，知道珍爱自己的健康与幸福。这个阶段主要是通过学习相关方针政策、特殊教育理论提高认识，更新观念：真正意义上的素质教育，是坚持面向全体学生，让每一个孩子都有机会得到适合自身发展的教育，特别是对有特殊教育需要的儿童，更要给予特殊的关照。

为此，联盟校邀请市、区特教研中心专家、教师走进联盟校，就新时期国家特殊教育、融合教育的方针政策、现实要求及有效策略进行了

全方位的宣讲，促使全体教师从整体上了解把握特殊教育工作的目标和要求，树立“乐融乐享、真趣同行”的融合教育观念，积极投入以班级和教师为本位的融合教育研究与实践中。

此外，联盟校统筹安排建设了资源教室/心理咨询室。资源教室/心理咨询室是个新课题。在实践中我们初步形成了资源教室/心理咨询室对特教/特需学生、教师和家长的支持和服务功能，如下图所示。

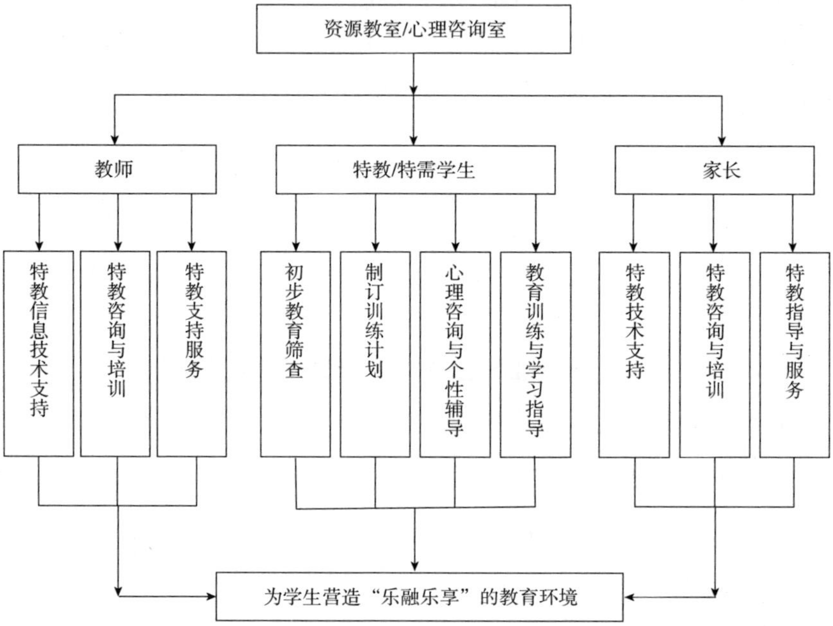

二、发展阶段——构建融合教育的管理与运行体系，促进融合教育特色的形成

这一阶段是联盟校融合教育特色形成的重要阶段。这个阶段主要做了三方面的工作。

1. 规范管理，形成机制

“学校特色是指管理者和教育者根据现代教育思想和本校独到的办学理念，从学校实际出发，在教育实践中努力挖掘、继承发扬并积极创造某一方面或某些方面的优势，所形成的个性鲜明、独树一帜、成效显著的运行机制、办学风格和教育教学模式”[①]。联盟校要将融合教育工作形成特色并与联盟校的办学理念、文化特色相结合，逐渐形成“一所学校在长期的教育实践过程中所创造和积淀下来的一种办学风格和文化传统”，让融合教育成为“思想层面的办学特色，具有整体性和相对稳定性的特征”。[②]

为使融合教育科学化、规范化，联盟校制定了融合教育、随班就读管理制度与工作制度，对随班就读学生以及学生的学习过程，对教师的教育教学行为及教育过程加强了管理。对教师的管理突出了理论学习、培训、教育实践和教育评价；对教学过程的管理主要抓个别教育计划的制订与实施、课堂教学主渠道、课外咨询与辅导三个环节。“零拒绝”的招生制度，即凡是符合入学条件的儿童，无论其残疾程度如何、家庭背景怎样，均按政策免试划片入学。初步教育筛查制度，即学生入学后要进行初步的教育筛查，为随班就读学生制订个别教育计划。个别教育计划制度，即要求任课教师要为随读生和班内有特殊教育需要的学生制订个别教育计划。课堂教学过程全程监控制度，即要求教师把“乐融乐享、真趣同行”的教育理念体现在教学过程的始终，从备课开始就分层设计教学目标，教学过程中分层施教，教学效果分层评价。弹性的评估考核制度，即对随班就读学生的考核评价采用弹性制度，根据残疾程度、智力状况，从认知、情感、生活适应几个方面进行评价。

2. 特教中心，服务保障

联盟校在推进融合教育实践研究的过程中组建了融合教育的支持

① 王铁军：“联盟校特色和校本发展策略”，《江苏教育学院学报（社会科学版）》，2002年第1期。

② 闫德明：“联盟校发展的战略定位与特色设计”，《教育探索》，2004 年第12 期。

保障系统——特殊教育服务中心。服务中心的组建，为特教 / 特需学生家长、特教教师提供了支持与服务。它创新了融合教育的支持保障与服务方式，普及了融合教育的育人理念，研究了融合教育的课堂教学模式，实践了融合教育策略及方法，提升了教师融合教育的专业水平，凸显了融合教育的实效性，为联盟校融合教育特色的整体性和稳定性提供了保障。

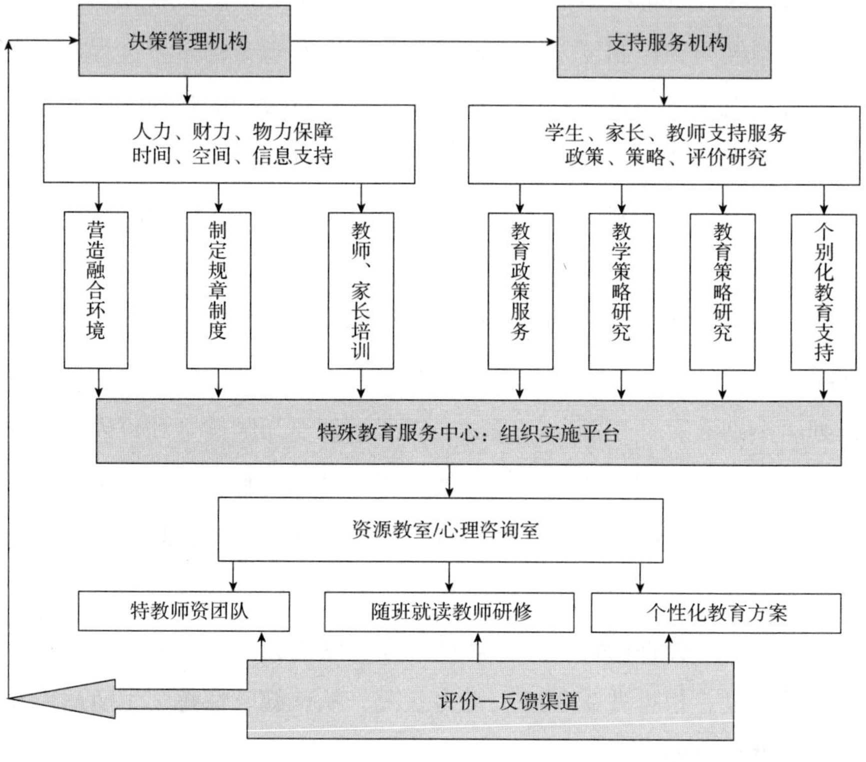

3. 建设队伍，专业力量

要推进联盟校融合教育深入发展，需打造一支具有先进理念、掌握普教和特教理论与策略、具有爱心和奉献精神的教师团队。因此，我们把对全体教师的培训作为主要工作，在培训中创造了融合教育的校本培训模式，即“全员培训打造基础，重点培训构建团队，个别培训确立核心”。

全员培训：使全体教师树立“面向全体，尊重差异；乐融乐享，真趣同行”的教育理念，使全体教师了解与融合教育有关的法律、法规、政策，了解和掌握一些特殊教育的理论和教育策略，为联盟校的融合教育创造良好的氛围，为团队建设奠定基础。采用的方式为：专家讲座、系列培训、参观考察等。

重点培训：构建特教师资团队，主要是以所教学生的残疾类别分组，进行各类残疾学生认知特点的学习和教育策略的研究活动。其形式有教研活动、协同教学、听课评课等。重点培训是在特教师资团队中进行，大家在一起教研、协作，一起在教育教学实践中提升工作质量，掌握专业技能，总结成功经验。这个培训过程也是团队沟通磨合、凝聚力形成的过程。

个别培训：为特教师资团队培养确立核心，使其尽快脱颖而出，成为带头人，成为联盟校中的特殊教育专家。选派优秀的一线教师，除让其参加校本培训外，还选送其参加市、区专业培训和外出考察交流活动。

联盟校开展多层次、多形式的三级培训，有主题讲座和案例交流，有工作坊式的专题研讨，有观摩课后的专家点评，有活动总结与反思。这使全体教师认识到，实施素质教育，为学生的全面发展创造良好的条件，就要坚持面向全体学生，让每一个学生都得到适合自身发展的教育。融合教育的理念就是要给在联盟校随班就读的有特殊教育需要的学生提供适合他们自身发展所需要的教育。这些学习培训，有效地提高了特教师资团队和全体教师的专业理论水平与专业技能，使联盟校融合教育理念成为全员的行动和目标。

目前，联盟校遵循融合教育理念，努力营造尊重融合、分享真趣的情感氛围。家长及健、残学生之间相互理解、相互尊重，相互包容、相互合作。教师树立服务意识，保持仁爱、平等的教育情怀与心态，关爱每一名学生，在施教的过程中一视同仁，包容差异，分类分层，提供个性化的帮助与指导。普通学生懂得关爱，在学习和生活中随时伸出援助之手。这已经成为他们自觉自愿的行动。家校联合共同关注学生的特殊需要，老师经常主动与家长联系，使家长感受到联盟校对家庭的关怀与支持。团结家长使家校形成了强大的教育合力。广大家长也非常支持联盟校的融合教育工作。与众不同的是，联盟校允许特殊学生的家长或代理家长陪读，既解决了孩子生活不能自理的问题，又减轻了教师的工作负担。这些家长还随时承担起教师的某些学生管理工作，班级教育氛围十分温馨。

教师遵循融合教育理念，推进课堂教学改革，不断创新课堂教学模式，建构了随班就读支持性课堂教学模式。随班就读支持性教学模式是指以普通小学课程标准为依据，以个别化教育计划为核心，在融合共享、和谐尊重的随班就读班级中开展的较为稳定的课内、课外教学活动结构及活动程序。确定了支持性教学模式的实施过程：一是制订计划（班级授课计划、个别化教育计划）；二是实施个别化教学；三是课堂教学；四是评估反馈；五是分析评估结果。支持性教学模式的实施，提高了融合教育质量，促进了联盟校的课程改革。教师以目标为导向进行随班就读教学策略的选择，注重优化和整合，注重评价实效。

在支持性教学模式的研究中，形成了一套行之有效的教育教学策略，如教学中的分层设标、分层施教、分层评价，课堂教学中的小组合作学习与个别指导、“协同教学”等。在课堂上，教师还创造了很多有效的教学方法。比如：直观教具与多媒体使用（文字提示、图像、过程），精心的板书设计，为听障和智障学生做的文字提示纸条，为视障学生做放大课本及作业本，为注意力不集中的学生做提示牌等。这些有效策略提高了课堂教学的质量，保证了学生的学习效果。

三、创新阶段——形成联盟校融合教育特色，提升融合教育品质

联盟校融合教育特色的形成、发展、完善、成熟，始终与改革创新相联系。联盟校特色的可持续发展也是在创新中进行的。

在推进融合教育策略与方法的过程中，我们遇到了特教专业教师队伍不稳定和特殊 / 特需学生个性化教育学习策略缺方法、不规范等问题。于是联盟校首先理顺管理机制和特教团队，建立了由校长、书记全面领导，德育干部具体负责管理，按校区配置卫生教师，选派优秀一线教师为特教专业教师主体，全体随班就读班主任、学科任教教师为研究与实施主体的特教师资团队。这不仅全面完善了联盟校融合教育队伍建设，而且为联盟校融合教育的深入实践提供了人力、财力、物力的全面保障。另外，我们还通过调研，收集整理了一线教师在随班就读和融合教育工作中的实践经验和有效策略，编辑了“特殊 / 特需学生个性化教育学习形式工作表”“九三学园随班就读工作对策建议单”。这不仅为教师提供了可以借鉴的好经验、好方法，而且形成了比较规范的个性化工作指导意见，使联盟校的融合教育工作朝着标准化、特色化方向发展。

教育的本质是促进人类生命个体健康成长，实现生命个体由自然人向社会人的高度转化；教育的使命是帮助学生获得生存和发展的本领；教育是价值引导和自我建构的过程；教育的过程就是一群不完美的人引领着另一群不完美的人追求完美的过程。为学生的幸福人生奠基，为国家社会培养人才，我们将融合一切可融合之资源，共享一切可共享之真趣，为融合教育和特殊学生的美好明天砥砺奋进。

特殊时期里的特需关爱

——王欢工作室疫情期间工作交流

▍北京市汇文第一小学　陆　军

“停课不停学”给“特需生”提供了特殊的教育契机。汇文第一小学在“一室五组”应急体系的统筹协调下，对学校师生的居家情况进行了线上调研与分析，找出了工作重心和侧重点，即关注师生心理健康，开启关注特需心理“补养”模式。

一、特殊时期“特需”关注，按需指导

在这个特殊时期，“特需”的含义比以往更加广泛。居家学习、居家工作已经持续了一段时期，很多家庭已经由当初对疫情防控的“紧张期”过渡到了居家学习的“焦虑期”。

从汇总的情况来看，呈现出三个表象。

现象一，小 A 上学期间一直状态平稳，在疫情居家的过程中因与家长就学习问题意见不一致，多次出现争吵。

现象二，小 B 在学校期间不会与同学正常交往，常用拳打脚踢的方式与同学“互动”。但在居家期间，这些情况从未出现，而且在与老师视频时，孩子一直表达想念学校、想念老师、想回到学校去上学的愿望。

现象三，小 C 的家长给他安排了满满的居家学习内容。因为家长担心复课后孩子的学习成绩会一落千丈，要他在疫情时期“弯道超车”。因此，孩子的情绪比较焦虑。

针对这些现象，我们进行了心理分析。

第一，负面情绪宣泄途径减少，导致焦虑泛滥。人类需要社会性交往，在社交中释放和宣泄各种负面情绪。对于孩子更是如此。平时孩子通过运动、与同学交往、师生互动、学科兴趣等方式进行情绪宣泄，不会出现负面情绪的累积。居家学习期间生活范围变小，活动形式单一，孩子的宣泄途径减少了很多，负面情绪得不到及时宣泄，在短时间内产生了量的累积。

第二，情感缺失现象严重。疫情期间孩子与父母长时间在一起，使父母有时间进行有关心理及育子方面的学习，能更多地倾听孩子的表达，与孩子进行情感互动，从而弥补了孩子的情感缺失。

第三，家长投射效应。家长将孩子的成绩与别的孩子进行对比，加重了孩子的学业负担，引发过度焦虑。

二、“三阶递进”助力居家学习

针对上述问题，学校构建了“三阶递进”式指导方法，助力学生的居家学习、生活。这“三阶递进”式分别是“一阶专业补足、二阶情感沟通、三阶精准帮扶”。

1. 一阶指导班主任从积极心理学的视角给学生、家长进行全员指导

学生个性化辅导中心推出20期心理专题微课，分为班主任心理调适篇、家校沟通篇、学生疫情防控篇、学生居家学习指导篇四个篇章。

其中，家校沟通篇汇总了老师们在疫情防控期间遇到的各种家校沟通问题，并对家长的情况进行了分析和讲解。指导班主任从接纳家长情绪、表达家长感受、关注家长深层需求、化解矛盾误会几个角度与家长进行沟通。

2. 二阶“线上家访”“一生一策”，注重情感沟通

老师们从居家习惯、亲子关系、劳动技能、学业情况、身体锻炼、心理疏导等几个方面进行线上视频家访。

小E同学平时在班里比较淘气，老师找家长的次数也比较多。当

老师线上视频家访时，小 E 同学特别兴奋，向老师汇报了自己居家学习的情况：利用乐高搭建了武汉方舱，谱写了助力防疫歌曲，展示了如何居家锻炼。平时在班里因为违纪行为经常被批评的学生，在这一时期得到了充分的展示。因为这个时候老师只关注他一个人，他能尽情地向老师展示，希望给老师留下好印象。这里面蕴含着心理学的首因效应，即良好的印象是成功的一半，学生的学习成果被充分关注和认可；还有安慰剂效应，老师给予了学生更多的肯定和鼓励，暗示他也是一个优秀的学生。此外，多元智能理论也蕴含其中。

通过线上视频家访，家长看到了班主任对孩子耐心的叮嘱，也更加放心踏实。特殊时期的特殊家访，使师生关系更融洽，家校关系更和谐。

3. 三阶“特需生”，注重有效陪伴，补足情感缺失

根据对以往在校特需生的心理状况分析显示，学生除生理问题的原因外，更多的是家庭教育产生的问题，如孩子缺乏家长长时间、有效、有温度的陪伴。对于学校里的特殊需要儿童，我们的侧重点是对家长进行科学、细致的指导和帮助。老师与家长定期联系，倾听家长的困惑，指导家长好好利用这段时间多进行有效而有温度的陪伴，多发现自己孩子的优势，由以往的关注学业转到情绪疏解和习惯养成上。

小 M 同学在学校期间从来不说话，是选择性缄默症。受原生家庭的影响，孩子有社交恐惧。因此，学校指导家长要抓住这段居家时期，增加亲子互动，从精神和情感方面给予孩子更多的情感补足。孩子参加线上“致敬英雄”主题教育活动，写下了这样的话：“疫情期间，有许多平凡的人在平常的日子里做着点滴琐事，这些人看上去平凡普通，但在困难时刻，都能守住自己的底线、本分和职业道德，这就是英雄。”从朴实的话语中我们能感受到孩子由原来的默然到主动表达的改变。这些特需的孩子有着特殊的情感补足方式，亲子互动游戏的设计、

家庭阅读空间的建立、美食战“疫”联盟的分享、“我是家里开心果”的趣味时光等教师指导活动对他们来说，是难得的心理情感的供给。

特殊的时期，特殊的举措，特殊的关怀，特殊的指导。这些特殊的背后都是日常教育教学累积的专业功底和学校统筹规划的顶层设计。短暂的特殊时期是教育长期的职业坚守。

使命感召 聚力前行

——西中街小学优质教育资源带“心”花怒放主题活动暨王欢名校长工作室特需学生成长研究中心启动仪式校长致辞

▌西中街小学优质教育资源带 张连洁

尊敬的王欢校长、赵晓颖主任、各位专家，亲爱的老师们：

大家好！首先代表西中街小学优质教育资源带全体师生诚挚地欢迎各位校长和专家的莅临指导。可以说，今天特需学生成长研究中心的启动是我们教育界同仁在同一使命的感召下，聚集在一起，开展交流、研讨活动。这一使命就是面向每一名学生提供最优质的教育，因需施教、因材施教，为每一名学生的光彩人生奠基。大家都知道，随着教育综合改革的深入推进，我们面临许多新的问题。近年来，特需学生不断增多，给学校教育、班级教育带来了新的挑战，有时候也确实让老师们感到非常困惑，甚至棘手。因此，如何解决 1∶39 的教育问题，就成为老师们共同研究解决的课题。

恰逢此时，王欢校长在工作室活动中提出，成立工作室特需学生成长研究中心，共同研究新时期教育的新问题。在中心成立之前，汇文一小、史家教育集团已经成功举办了专题活动，为大家引领了研究的方向。特别感谢王欢校长，还将史家教育集团的特邀专家与社会资源与各校进行共享。

特需学生并不是传统认识上的随班就读学生或者是单纯意义上的问题学生，而是在身体、心理、人格、家庭教育等不同方面存在不同教育需求的学生。有的可能是单一因素形成的，更多的是多种因素促成的。面对复杂的问题成因，仅靠老师一人的力量是不够的，我们必须建立起成熟的团队来共同面对。西中街小学特别荣幸将王欢名校长工作室的各位校长以及资源带聘请的指导专家请进校园，对资源带前期所做的工作进行指导，帮助学校共同明晰特需学生成长研究的新方向、新目标和新策略，真正为每一个学生的成长提供所需要的优质教育，让每一个学生都能像花儿一样绽放，也让每一位教师能和学生一起共同享受“心”花怒放的美好生活。

再次感谢各位校长、各位专家的莅临。谢谢大家！

融合教研"量身定做" 师生共赢

▍西总布小学　王　菁

西总布小学从 1999 年成为东城区"聋童随班就读实验学校"，2001 年创建东城区第一间资源教室，到 2012 年成为"北京市资源教室建设与运作示范校"，2017 年成为学区融合教育资源中心，一直坚守在融合教育研究的路上。我们以"融合教育背景下教师专业素养的提升"为主线，打造教师队伍。

在 12 个教学班中有 7 个融合集体。近年来，面对新增残障类别，学生间差异变大，特别是情绪行为学生对课堂教学的强干扰，加上不断有新教师的加入，学校的融合教育也面临新的挑战。融合教育主渠道在课堂，问题的解决办法只能在课堂中寻找。我们秉承每个学生都享有平等、优质、适切的融合教育理念，形成了全员、全时段、全部门融合教育研究模式，在学校融合教研团队的带领下，开展专业培训和专题研究等方式的校本教研。2020 年秋季学期，围绕课堂教学，开展了"高品质融合教育课程建构与实施"的培训，提升了教师在通用化教学设计方面的专业能力；围绕课程教学调整策略开展研究，以个别化教育计划为突破口，重点研究课程教学内容的调整方法，帮助教师形成以多方式呈现、多方式参与、多方式表达设计的教学方法。针对有特殊需要的学生，教师设计适合的问题，将个别指导嵌入课堂教学中，以此达成个别化学习目标。

五年级的明明，患有注意力障碍，智商 70，属于边缘智力。学期初，数学前测时他的基本计算能力低于同龄平均水平；他能认识基本图形，但不会运用公式计算，也不能正确识别常用重量、长度等单位，不清楚单位间的关系；理解题目意思更是困难。针对此情况，数学教师及时进行了教学目标及内容的调整。如：普通学生需做到能正确运用小数乘法、除法解决生活中实际问题，而明明只需解决两步算法以内的实际问题。期末检测时，依据个别化教育计划调整后的目标，对他单独拟制试卷，同时采用延长考试时间，辅助听觉提示和调整计分比例等方式完成评量。他的成绩进步了，对学习的信心也明显增加了。

四年级的瑞瑞，属于注意力障碍多动症中的多动冲动型，智商99。课堂上，他总是在桌面上乱画，还不自主地发出高频次的尖叫，将椅子两条腿不停地前后摇晃，时常摔倒扰乱课堂秩序。针对瑞瑞的行为表现，我们及时与家长做了沟通，召开了有主管干部、班主任、资源教师、相关学科教师和家长参与的个案分析会。经过了解，瑞瑞的尖叫与爸爸长期出差、妈妈管教严厉有关，这造成了瑞瑞在家庭生活中安全感的缺失和较大的心理压力。因此我们建议瑞瑞的爸爸每晚与孩子通话或视频，班主任每天把孩子好的变化告诉瑞瑞妈妈，还分享家庭教育的小妙招，以减轻妈妈的焦虑，从而间接地给孩子营造安全舒适的家庭环境。同时，学校派班主任参加了行为技术师和注意力缺陷多动障碍的特殊教育技能培训，回校后带领教师开展实践研究，采用行为约定、兴趣引导、结构化教学、代币奖励等措施，对其情绪行为进行干预。一段时间后，瑞瑞发脾气、哭闹、打滚、推桌椅等异常行为有了明显的改善。我们又采取减少陪读时间，给瑞瑞创设更多的自主学习、展示和与伙伴交往的机会。到目前为止，瑞瑞已经完全脱离了陪读教师的辅助支持。看到这些进步，孩子妈妈每次与我们交流时都是眼眶湿润，孩子爸爸在感谢信中说："瑞瑞的进步，与各位老师的关爱密不可分，体现了贵校融合教育成就，没有认为瑞瑞是个

‘麻烦’，而是循循善诱，积极引导，身在万里之外的我感到很高兴！”

“办人民满意的教育”一直是我们的追求！关爱、包容、专业、坚韧地为每一位学生提供公平而有质量的教育，让他们在同一片蓝天下健康快乐地成长。未来，我们会一如既往，深入课堂，将先进的融合教育理念转化成有效的教学行动；完善机制，发挥学区资源中心辐射带动作用，为促进区域内学校融合教育工作尽心尽力。

看见可能　怀抱希望

——在王欢名校长工作室特殊儿童教育研究会上的发言

▌史家教育集团史家胡同小学青苹果之家　王元臻

史家小学“青苹果之家青少年现代人格教育基地”成立于2010年，是教育部、中国科协等五部门共同发起的全国青少年健康人格工程第一个在小学挂牌的基地。

现代人格教育基地成立之初，面向学校三年级至六年级的学生进行品德情操、行为养成、心理疏导、青春期健康和文化修养等方面的宣传普及教育。之后，我们逐渐面对“特需”和“特殊”儿童群体。

“特需”就是指有特殊需要的、有独特需求的。对于特需学生，这十年当中，我们解决过不少比较“麻烦”的事情，大多“急、难、险、重”。有因为工作与同学发生矛盾，被误会、想不开，痛哭流涕想辞职的少先队干部；有被同学取笑“早恋”又不知如何处理关系，导致成绩下滑的“大女孩”；有每天上学都苦恼，来求办法的“忍者神龟”；有学校大型运动会没能参与其中的“失落者”；有父母离异，面临艰难选择，但都不想割舍而痛苦纠结的“小可怜”；有犯了错误后与老师发生冲突，固执己见的“倔强娃”；还有写下遗书，想要结束生命的“小抑郁”……这些都是计划之外的突发事件，虽然是偶发，但必须认真对待，及时作出反应，采取行动，真正考验我们的教育智慧、专业素养、应变能力。因为一旦错过时机或处理不当，后果不堪设想。其中的酸甜只有我们自己品尝。

"青苹果之家"隶属于学校学生战略发展中心，"给成长无限可能"的课程理念给我们提供了发展的契机。立德树人、为党育人、为国育才是我们肩负的使命和责任，我们的功夫要下在增强学生的综合素质上。

当"青苹果之家"融入这个课程系统时，对于这样一部分学生，如何去实现？什么是可以实现的？

静下心来开始做工作时，我们就不管是悲观还是乐观了，只关心怎么把事情做好，工作的范围也在不断扩大。

首先要明确的是工作条件，就是要"看见可能"——可能是什么（可以实现的；能成为事实的）。

我们是这样做的。

一、确认可能（了解情况）

作为心理健康辅导员，我们的专业能力是有限的，那就做我们能力范围内的事情。

1. 现实的可能

WHO（世界卫生组织）报告称：全球 20% 以上儿童青少年患有导致能力丧失的精神障碍。存在明显心理问题的学生，小学占 10%。

青少年严峻的心理健康问题，以及国家和教育部门的高度关注使这一工作成为可能。

2. 自身的可能

我们中心有两位老师，吴老师是国家二级心理咨询师、家庭教育高级指导师，热爱这份工作；王老师是心理健康辅导员、家庭教育高级指导师，有多年学校教育管理实践经验。她们在专业上提供了可能。

3. 学生的可能

根据马斯洛的需要层次理论，无论什么样的孩子，都需要除了生理、安全之外的社交需求、尊重需求、自我实现需求。他们渴望成长，希望自己做得更好，深受父母喜欢和老师称赞，取得好成绩。

4. 需求的可能

孩子来自不同的家庭，父母都像爱护眼睛一样爱着孩子们：有的孩子有很好的家庭教育，但家长工作忙，经常无暇顾及，导致问题发生；有的则是家长进入教育的误区；有的是出生时的医学问题；有的是教育环境缺失，单亲；还有的是幼儿园问题的延续。不管哪一种，家长都希望自己的孩子健康、优秀、杰出，在学校中不掉队。

5. 学校的可能

我校和谐教育的理念、以家国情怀为底蕴的系统育人实践氛围的支持、比较完善的设施设备，也让我们有条件这样做。

6. 发展的可能

全面育人，"五育并举"，培养担当民族复兴大业的时代新人的发展需要告诉我们，必须关注这样的群体，"一个也不能少"。

通过分析，我们确认：做好特殊儿童教育是我们一定要做好的事情。我们要用爱心努力去实践，展现"挫而不败，学而不厌，心有温度，行有智慧"的博大育人情怀。

我们深知，能力决定了一件事有没有可能做成，而耐力决定了这件事有没有可能持续。能力的上限和耐力的底线决定了成长空间。一个字：干。一句话：我们一起努力，好好干。

二、发展可能（读懂行为）

1. 学习、培训，提高专业水准

这些年来，我们参加过无数次心理技术的培训、自我成长小组学习，阅读过大量的专业书籍，利用寒暑假静心提升。一切都是为了学生，为了来访者。为什么要花这么多的财力精力呢？因为我们知道，如果不学习，能量就会枯竭，就无法胜任这份看似简单却又极其复杂的工作。

做一次心理辅导和上一节课不一样，因为来访者的情况都不尽相同，甚至千差万别，你无法用一套固定的教案或程序去面对每天发生的一切。别人可能看不见，也不关心这件事，唯有你天天要面对一个个真真切切、活生生的人。当来访者内心的苦闷、纠结甚至痛苦真实地呈现在你面前，期待你帮助，想从你这里得到安慰和支持的时候，你怎么可能熟视无睹？我们也曾开玩笑说，心理老师、心理辅导员普遍都有一种心理疾病，叫作“强迫性学习焦虑障碍”。这看似是一句调侃，但却是我们真实生活的体现，可能也是对我们热衷于自我成长的合理解释吧。

2. 接受专业辅导，让工作信心不摇摆

心理健康辅导是一种心理上的助人活动，是指在一种新型的、建设性的人际关系中，辅导员通过专业知识和技能，给辅导对象以合乎需要的心理上的协助与服务，并帮助辅导对象处理其所面临的问题与局面，发展其未能充分利用的潜能与机遇，进而获得自助的能力与意愿，克服成长中的障碍，增强维持自身心理健康的能力，以便在学习、工作和人际关系各个方面有良好的适应能力。

我们的辅导主要有：①调适性辅导。②预防性辅导。③发展性辅导。由于目前人手所限，发展性辅导还没有更好地去拓展。这也是今后的工作方向。

几年的工作历练，我们有了一些切身体会，想与大家分享。

一是现在社会生活变化快，丰富多彩，日新月异，对于以往经验，需要重新探讨它的有效性。我们都知道经验的有效性建立在生活经历的重复之上。现在许多人员、不少行业已经没有这个优势了，特别是我们做育人工作的，已经失去了经验的优势，所以在学生面前，我们不能再扮演“真理化身”的角色了，就是千万不能在学生面前装懂，应该认识自己的不足，因为我们有些方面确实不如学生。我们说话的方式，与学生对话的方式，要特别注意，说不清楚、说不明白的时候，就坦诚说明或与学生共同探讨，切不可不懂装懂，失了学生的信任。良好的师生关系是一切教育的基础。

二是对于一些有特殊需求的孩子，我们要牢记，孩子所犯的错误是能力问题，而不是态度问题，要帮助他们找到自己的优势，并且发扬这优势。孩子“有问题”不等于“问题孩子”。要多欣赏孩子，了解孩子行为背后的动机，读懂孩子。孩子得到欣赏后，就有正向的动机来控制自己的行为。效果比道理更重要。

三是建立良好的班级生态环境很重要。我们有个神经性呕吐的孩子，就是随时随地可以呕吐，一天最多吐十几次，但不是身体器质性问题，而是心理问题。刚好吴老师担任班主任，她结合心理学知识，首先淡化他对病症的关注和紧张，然后在班级中创造包容的环境，不大惊小怪；为提升孩子自信并为他创造机会，学校赛诗会让他领诵；与语文教师合作，找到孩子爱看书的优势，让他给小伙伴介绍读物，由此常被老师点名称赞，增加了孩子的自信；接收他为“青苹果之家”的志愿者，参加公益活动，帮助他转移注意力。呕吐很快就好转了，孩子也变得更自信、更放松。

四是尊重每一个学生，尊重全面发展。我们更关注孩子的长处和优势，对于全面发展，他们在一个阶段内是做不到的。因此，我们的操作原则是“容忍之短”：每个人都是有短处的，如果他的短处不妨碍他发挥长处，我们就要容忍，允许孩子带着“症状”前行，引导他寻找积极正向的价值体验。

五是在与来访孩子（情绪焦虑、缄默）的接触过程当中发现，老师要控制语言量，这也是学习“无为”心理学的获得。由于无为是不说任何话、不做什么事儿，因而也就没有任何压力与要求，来访者的情绪会比较平和；反之，就不会有这样的效果。无为，实际上是指无所作为，说得更清楚一些，就是让一切回归自然的轨道，不再加上人为的目标与操作。

人一说话，就有某种意念，因而也就出现听懂没有以及能否做到的挑战。人一行动，就会操作某种状况，因而就会有结果的评估与检讨。当然，我们不可能一天到晚不说话又不做事儿，但是心理辅导员如果心中存着“无为”的观念，至少不会制造或增加更多的困扰和压力。

三、实现可能（发现变化）

仅举几例情况说明。

1. 行为异常，偏离常态

对这类孩子，应采取以下措施。

第一，建立关系，以“发现优点比纠正缺点更重要”为目标开展工作。

第二，谈话，发现优势，找到可以激励孩子的点并持续强化。

第三，寻找“例外”。运用“你是怎么做到的”焦点解决技术作为工作日常。

第四，获得班主任支持（当孩子不在班级时，对全班学生进行集中教育，明确集体帮助该同学共同进步，对其违纪行为不随同的态度）。

第五，根据不同情况，私人订制小课“认识我”“控制情绪”“这样完成任务”“我和……”“爱和规则”“‘慢话’规则”。

第六，帮助的同时试着交给他一些任务，逐步培养他参与志愿服务的意识，提升自我认知和自我效能感，丰富学校生活记忆。

第七，情感温暖：生日或节日（如“六一”儿童节）时，利用班会，做团训，让其感受集体的温暖、同学的关心。

第八，建议在必要的疏导之下，请家长带孩子到权威的医疗机构院所做专业检查和诊断。这是对孩子长远负责（这一条实现起来很困难）。

第九，与孩子的父母交流，改善孩子的家庭环境，促进学校疏导的进程。

2. 阿斯伯格综合征

这些孩子的表现常常是无法控制情绪，暴躁爱冲动，不太会和同龄人交往，常会用打人方式沟通；语言表达能力弱，与人沟通常会答非所问或不理会对方，不理会老师的提醒；表现我行我素，好像不太理解或忽略外界的提醒，生活在自己的世界中；在团体里的配合度差，常会突然倒地或躺在地上，或干扰其他同学学习，撕小朋友的书。

我们能做的是温柔的坚持、长期的陪伴、沙盘游戏、表达练习、建立自我边界训练，等等。

如，小 H 第 61 次来“青苹果之家”，气喘吁吁大声向王老师发问：“我要问你一个问题。萤火虫的光和太阳的光能比吗？哪个棒？”此时，他盯着老师，终于开口说话了，还有了目光的接触。小 H 在“青苹果之家”接受第 98 次辅导后，顺利完成了学业升入中学。

3. 选择性缄默症

选择性缄默症是一种精神障碍（Selective Mutism，SM），是以患儿在某些需要言语交流的场合（如学校，有陌生人或人多的环境等）持久地“拒绝”说话，而在其他场合言语正常为特征的一种临床综合征。这种情况下，应采取以下措施。

第一，了解患儿情况及治疗方式。

第二，多与孩子交流，不强求他言语应答，鼓励他各种形式的回应（点头、摇头、摆手、皱眉、微笑）。

第三，在班级中鼓励他单独和老师交流，提前让他准备要回答的问题，然后在小范围内由他单独回答。

第四，期末考试、创意表达允许录视频上交老师。

第五，改善不和谐的家庭环境和家庭关系，帮助孩子缓解焦虑。建议父母调整对孩子的期望值，要适度，不着急，不催促，不包办；建议一家三口经常旅行或外出参观、观影、看剧，促进家庭和谐。

第六，布置交往小作业：挥手、微笑、握手（每天完成一项为合格）。

第七，“六一”儿童节表达对同学的感谢，写感恩卡，开班会“感恩的心——无言的心意”（或自己确定题目）。

第八，每周坚持沙盘游戏体验。

有个孩子第 7 次来“青苹果之家”体验沙盘时与辅导员王老师说话了。后在两任班主任的共同努力下，该孩子开始与老师、同学正常交流了。

4. 注意力缺陷多动障碍（ADHD）

这类孩子的症状有逐年增加的趋势，心理特点是自卑、敏感、脆弱，而且有戒心。

老师如果能给孩子一个合适的空间，比如说墙角的位置，会让孩子觉得安全，离老师最近的位置，会让孩子觉得更安全；建立互助小组，给他必要的提醒，形成积极的、互助的氛围，给孩子归属感，孩子需要感觉到自己是与别人相关的，需要把自己看成整体的一部分，需要感觉到他对其他人来说是有价值的。老师的态度，其实决定了同学们的态度。

患 ADHD 的孩子，不是不学好、故意捣乱的，而是一种自控能力的发育障碍，我们需要巧妙地督促指导，给予他们更多的关心和帮助，还要教育其他同学也正确地对待这些同学。另外，给予他们适当的鼓励，对于每一点进步都要给予表扬或奖励，不断正强化。

如果所有老师、家长们一起努力，为这些孩子去创造可能，相信我们是能够看见可能、实现可能的。

不忘初心，怀抱希望。我们的初心就是让所有学生（一个也不能少）在我们史家小学经过滋养、浸润，身心两健，有良好的适应社会的能力，成为和谐发展的、能担当民族复兴大业的时代新人。

案例故事

严而有度　爱而有距　宽严并济　立规方圆

——点滴积累，养成好习惯

▌东城区安外三条小学　田丽娜

新学期开学了，满怀期待跟乐乐见面，同时又心怀忐忑。一个假期过去了，不知道这位小伙子上学期的状态还能保持到什么程度。开学第一天，孩子很高兴，在纪律上表现很好，情绪很稳定。可这种状态仅仅维持了一天，紧接着就是扔同学的文具、趁同学不备将同学按在地上“制服”、给同学起外号、往同学的校服上抹钢笔水、吃饭时把自己吃剩的餐食倒进同学的饭盒、躺在座位上指着同学喊“你不关心我！你不关心我”……这样的情况频频出现，我的孩子你到底怎么啦？

一、透过现象看本质，分析原因面面观

每种现象的背后必有一定的原因，我下定决心“一探究竟”。在课间，我会通过各种形式和乐乐聊天，了解乐乐在家的生活状态及业余时间的活动安排。通过乐乐的表情、语气，我慢慢感受着孩子的快乐，发掘孩子成长中的烦恼，探寻引起异常行为的压力源。

“田老师，我今天能不去上操吗？我要把上节课的作业写完，不然妈妈又要生气了！”“我不想和大家一起出去了，我昨天晚上没休息好！”“我就是诸葛亮，你就是周瑜，我就是要把你气死！”孩子的话散发出巨大的信息，压力源找到了——源于家庭。是时候给乐乐的父母减减压了。

二、给家长减减压，给孩子松松绑

从一年级一路走来，乐乐父母的焦虑从未减轻，在陪伴乐乐的过程中，父母的心越来越柔软，也越来越脆弱。长期的精神压力、同一个行为问题日复一日地提醒收效甚微、怕外界对孩子“另眼相待”……乐乐成了家长焦虑情绪的宣泄口。为了从源头上缓解乐乐的行为，开学两周后我约了乐乐的父母，就乐乐开学以来的情况和他们充分沟通，和他们一起分析孩子行为反常的原因。家长恍然大悟。知道了孩子在学校的真实情况后，爸爸首先做出了调整，紧张的情绪稍有缓解，但作为主要照顾者的妈妈的焦虑情绪并没有明显改善。妈妈把这种焦虑的信号传递给了孩子，孩子在家用妈妈喜欢的方式迎合、取悦妈妈，白天到学校就对同学进行宣泄。

在与妈妈的交流没有收到明显效果后，我寻求专业团队的支持。学校对孩子的成长很关注，专家老师们和妈妈一起分析孩子三年来的变化和成长，孩子扰乱课堂、中断上课的次数减少了，情绪爆发的频率降低了。作为家长，还是要安心慢慢来！我们是家长，是妈妈，是老师！孩子需要的是陪伴着、引领着和助推着、拖拽着一步步前行！静待花开，这需要定力，也需要爱，真正的爱！

妈妈的心结终于解开了。只有当家长的情绪稳定了，才能正视孩子的问题，才能将束缚孩子的无形绳索松解开来。

三、家校协同定策略，定期反馈促交流

针对孩子存在的突出的行为问题，我和家长制定了相应的策略，帮助孩子放松心情，缓解情绪压力源，同时给予孩子正向引导；而老师则定期和家长进行沟通、反馈，及时表扬乐乐在学校生活中的点滴进步，帮孩子树立自信，同时也给家长加加油、鼓鼓劲。

四、宽严并济，立规方圆

爱在左，陪伴在右，在乐乐成长的路上，需要家庭、学校、社会

给予更多的关爱，但不是溺爱。在孩子有困难时，教师及时伸出援手，让孩子感到温暖；但对于孩子不正确的行为，教师及时给予提醒，提出明确的要求并督促实施，点滴积累，长期坚持，形成好习惯。

1. 精简作业，分次完成

进入三年级，随着学习任务的增加、课业量的上升，乐乐遇到了新的难题。本来肌肉群的发育就不完善，加之本身对动手书写有逃避心理，乐乐的课堂作业经常不能及时完成。家长要求乐乐睡觉前一定要补齐全部作业，导致乐乐严重焦虑，晚上睡眠质量下降，甚至失眠，在校情绪波动很大，课堂依从性很不理想。我建议家长不要给孩子过大压力，每天根据孩子状态，分次完成各科作业，让孩子尽量参加集体活动，尽快抚平孩子情绪。渐渐地，乐乐的情绪平稳了，课堂听课的状态平稳了，有时还能够举手回答问题。

2. 学系鞋带，安全自护

在集体跑操过程中，乐乐的鞋带经常开，但为了使自己在班级队伍中的位置不变，乐乐不出队系鞋带。我给乐乐提出明确要求：跑步前先检查鞋带，把鞋带系好，如果在跑步过程中鞋带开了，要及时出队，在开阔的地方把鞋带系好后站在队伍最后一个，以保护自身安全。

为了使乐乐尽快掌握系鞋带的技能，我手把手教乐乐系鞋带，并在班级开展了“生活技能大比拼”。当同学们看到乐乐的进步时，纷纷鼓掌表示祝贺，乐乐的脸上露出了久违的羞涩的笑容。

3. 认领任务，为集体服务

开学伊始，我将班级的卫生进行了详细的分类，同学们每人认领一项。乐乐主动认领了擦窗台的任务。在明确班级卫生管理办法后，我又帮乐乐寻找了值日小搭档，一人擦窗台，另一人浇花。在小搭档的提醒下，乐乐每天都认真地完成值日任务，付出劳动，收获快乐。

冯骥才曾说：风可以吹走一张大纸，但吹不走蝴蝶，生命的力量在于不顺从。也许，在孤独症儿童的画册里，我们可以感受到这句话的力量。他们需要被呵护、被安慰，虽然我们不知道这些小天使为何不敞开他们的心扉，但是我们仍要张开双臂将他们拥入怀中，轻轻地告诉他：宝贝，世界那么大，有我拥抱你！

特别的爱给特别的你

——谈教师与随读生共成长

▍东城区安外三条小学　刘　晶

2020年春季学期我继续担任一个可爱女孩小涵的个别辅导任务。她从低年级开始就表现得与众不同——好动、好说，现在都六年级了，自己的桌面和书包里的物品还都是摆放得横七竖八，只要不提醒，就不知道去整理；课上对各科的学习畏难情绪特别重，常以“我累了”“我不会”“我不舒服”等各种理由推脱学习及回答问题；她的作业很少及时完成，只要妈妈不盯着就绝不主动写作业（作为一个单亲妈妈，为了养家经常加班），在家无人辅导造成了孩子面对一点儿困难与挫折就理直气壮地说“我不会”。

记得接班前家访时我与其家长的沟通：小涵出生时右脚少了大脚趾，因此父母从小给了她更多的照顾与呵护；在该上一年级的那个暑假，孩子父亲突发心脏病去世了，孩子母亲对孩子采取了保密的态度。开学后发现孩子与其他孩子不同，医生诊断为注意力缺陷，吃了一段时间的药，感觉稳定了一些，但此药的副作用很大，因此放弃了。孩子妈妈是红着眼圈叙说这一切的，看着孩子的残疾证，听着孩子的不幸遭遇，我很心疼，作为班主任兼数学老师，我认为自己有责任更细心地引导她，让她也能和其他学生一样健康快乐地成长，让她也充分体验到成长的快乐。我跟家长交流了我在教学方面对孩子的教育思路，家长表示会积极配合学校，做好孩子的引导。

有了之前家校的积极沟通，该学期开学后我及时为小涵制订了个别教育计划，同时充分利用学校的资源教室开展了每周一节的一对一个别辅导。

针对小涵由于注意力缺陷导致的学业缺失，我决定在个别辅导时从两个方面入手，进行注意力的训练和学业的补救。具体安排如下。

1. 充分利用现有资源进行注意力训练

每节个别辅导课前，我会首先安排一两个需要与孩子共同完成与数学有关的注意力游戏：一个是与“7”有关的数字游戏，大家从1开始依次报数，逢含7或者7的倍数，则不去报数，用拍手的动作代替，看看谁能精神集中，尽量不数错。游戏很有挑战性，再加上数错同学要被弹脑门，又增加了趣味性。小涵很喜欢，而且从最初一数就错，到现在小组游戏时从1数到50，她最棒时能一次不错，非常厉害！另一个注意力的游戏是舒尔特方格训练。舒尔特方格是在一张方形卡片上画上1厘米 ×1厘米的25个方格，格子内任意填写阿拉伯数字1~25。训练时，要求被测者用手指按1~25的顺序依次指出其位置，同时诵读出声。数完25个数字所用时间越短，注意力水平越高。通过数据统计，小涵数完的时间越来越短，并期待着更大的进步。

在随后的个训过程中，我针对孩子意志力薄弱、社会适应能力较弱的特点，充分利用资源教室、现在的生活区学具，对孩子进行相应的引导。如针对前一天她和同学发生矛盾一事，我会借用生活区内的物品编成小故事引导她换位思考，教她今后如何解决类似问题。

我校资源教室有很多训练注意力的学具，针对孩子的具体情况，我会安排在课中及快下课时穿插注意力训练。课中可使用资源教室的注意力训练组合台；快下课时可使用小足球台进行游戏。总之，各环节都安排与注意力训练相关的内容。

2. 利用各种学具促学科辅导

由于孩子母亲工作较忙，几乎无法顾及孩子的作业指导，因此个训中我会更多指导孩子如何自学，提醒她面对不会的问题要积极主动问同学、老师，避免问题堆积。每次个训时我非常注重孩子对数学基础知识的掌握，引导孩子先看目前所学内容，再提出自己的困惑。孩子基础薄弱，因此我充分利用资源教室中的教具进行数学教学，如蒙氏教具中的“构成三角形”学具帮助她充分感知三角形的分类及特征，利用“三色立方”盒辅助她发展空间观念，为学习相关内容打下基础。

3. 发挥资源教室作用，开展小组学习

针对小涵的特殊情况，我依小涵的心意帮她在班里安排了两名助学小伙伴，一名男生和一名女生，以便全方位地指导她各方面的学习与生活。为了帮助小涵更快进步，该学期我还有意在资源教室安排了多次小组模式的学习，让包括小涵在内的几名学生同时活动，在小组学习中引导孩子更好地与大家沟通，并鼓励孩子们互做小老师进行讲题，氛围相当轻松，效果较理想！小涵同学真正地从中体会到了成功！

通过不断的实践与摸索，小涵的个别辅导已初见成效。作为她的老师，除了每周一节的个别辅导课，我还会尽量找时间单独指导她。另外，学校上至领导下至其他任课教师，对小涵都非常关注，这也让我更有信心去帮助她取得更大进步。

通过对小涵的个别辅导，我体会到一个随读学生的转化需要的是一个团队的齐心努力。真心期望在大家的努力下，每一名随读学生都能健康快乐地成长！

让随读生在关注中健康成长

▌东城区安外三条小学　赵国平

一、转变教师观念，树立正确的教育、教学理念

每一个学生都是有血有肉、有独立人格、独特价值和潜能的人。而随读生更应该得到尊重，受到教师的关注。虽然他们受到智力因素和非智力因素的影响，在一些方面不如一般学生，但都是一个真正的人。正像高尔基所说："世界上最好的职位是做一个人。"教师要学会角色转换，即站在学生的角度看问题。要相信随读生都有追求成功的心理倾向，只要教师方法得当，随读生就可以获得成功。

二、在教育、教学细节中关注随读生

根据随读生的不同情况，教师可采取分层教学、分类指导的办法。依据因材施教的原则，教师在摸清随读生学习基础、学习能力以及学习需要、动机、兴趣、信念、气质、性格等的情况下，把随读生的学习分为一定的层次。设计教学时，在整体的教学目标中，应有一定的阶段性，让随读生有反馈的机会。在作业及练习布置上，应考虑随读生的基础，加强练习作业的指导。即使过关测试，也通过复习、测试、分析、矫正、复测几个阶段，给随读生提供足够的补偿机会。

创设机会，小步子、多台阶培养随读生的"成功意识"，增强学习自信心。成功是一个人在前进中努力追求的目标，是不可多得的精神力量。成功动机是激励人克服困难、达到优异标准、获得有效行为的内在动力。在实现目标的过程中，教师要让学生不断地尝到甜头，即

体验到成功的快乐。

心理学家布鲁姆说过："只要给学生足够的学习机会和学习时间，大多数学生都可以学会他们所学的东西。"随读生由于受主观因素的影响，很难得到他人的正确评价和精神鼓舞，常常成功率较低，久而久之，产生了自卑心理甚至退缩行为，形成了特有的失败者心理。所以，要激发他们的学习兴趣，很重要的是为他们创造成功的机遇，使其充分感受到成功的快乐。教师应多组织学生参加健康有益的活动，让学生在活动中充分发挥其特长，有意识地让学生回答力所能及的问题，并对他们的正确回答给予充分的肯定、表扬和鼓励，给学生提供广阔的空间。教师要大胆使用"好，很好，好极了，说下去，妙极了，非常准确，实属高见，完全正确"等简短而令人精神愉悦的赞赏性词汇。一个学生，一个集体，如果长期处于一种被肯定、被激励、被尊重的氛围里，那么学生的自信心、自尊心就会逐步形成，学习态度就会变积极，学习兴趣就会被激发。

随读生由资源教师进行有针对性的辅导。在课上，教师让孩子用画一画的方式学习知识，如：学习数的认识，学生可以画 6 个苹果，再用彩笔涂不同的颜色学习数的分解和组成。学生在活动中获得成功的体验，激发了学习的兴趣。

对学生的各种进步，教师都要注意从智力因素和非智力因素的角度予以表扬和鼓励，促使学生自我认识，把偶然出现的良好的智力与非智力因素方面的表现逐步转化为稳定的成功心理，形成健康的稳定的成功者心态。

要让随读生感到"能学"，从而提高随读生个体学习的参与度。

第一，适当降低知识起点，让随读生也能跨进新知识的门槛，感到自己能学。在给学生上新课时，教师把知识的"度"放缓一些，对知识点少发挥、少加深，让随读生以吃透教材的内容和掌握课标的要求为主。在练习中，补充一些综合性题目，让成绩好的学生吃“饱”，而对随读生不做要求。有的知识点也可以放在章节、单元复习或总复习中加深和拓宽。

第二，上课速度适当放慢，让随读生能跟上教学进度。随读生是班集体的组成部分，教学效果应当追求全班的整体效果。随读生的反应和笔记速度慢，因此上课不能强赶速度，应当照顾全体学生，不能忽略随读生。例如，在讲重点内容时，就要放慢速度，并尽可能重复一两次；在随读生回答问题前，让他们有充分思考的时间，诱导他们积极思维，让他们真正地掌握有关知识。

第三，分散难点，化难为易，使随读生感到易学。教师在教学中有一个任务，就是想方设法把难的东西变得容易一些，把复杂的知识变得简单一些，使他们容易接受。

第四，实行分组教学。在分组时，要把随读生分配到每个小组中，简单的问题让随读生回答，稍难的问题让随读生思考。为了达到集体优胜的目的，每个成员都要动手动脑，积极参加讨论，贡献自己的智慧，为本组的成功尽最大的努力。这样既给了随读生机会和权利，也赋予其义务和责任，能激发其表达的欲望，产生内驱力，让大脑处于兴奋状态；同时在合作竞争中，由于小组的综合实力是取得胜利的重要因素，这就能促进组员团结协作、相互激励、彼此帮助、默契配合，从而使课堂教学气氛更活跃，也为随读生创造了参与合作的机会。

第五，调整座位，拉近师生之间的距离。一般来说，教师越是靠近学生（1 ~ 2 米），学生的态度和表现越好。特别是在低年级，教师的靠近被学生看作对他们的喜爱、赞同和友好。在实际教学中，教师可根据活动的性质和学生的需要，来合理安排座位的摆放形式，使随读生摆脱被遗忘、被忽视的状态，鼓励他们积极参与活动。定期为学生换座，会让学生体验到他的班级不是静止不动的，增加他们之间的交流。适当允许学生自己选择座位，可以提升他们的自信心和对班级的喜爱。当然，无论采取哪种方式安排座位，一方面需考虑到教学目标的实现，另一方面需考虑到随读生的特殊情况，不使他们“游离”于班级之外。

三、改善随读生的心理状态，进行心理解困

改善随读生的心理状态，调动其学习积极性。学生如果抱有消极心理，就不可能积极地接受教师传授的知识。对待随读生，教师应注意从他们个性入手，调动他们的学习积极性。对随读生的知识点掌握、课堂提问、课后作业布置，应考虑简单易行，做到一本教材，两套方案，两种教法，不同要求；并多给予鼓励，以增强他们的信心，为他们创造良好的学习情景，激发他们的学习兴趣和学习动机。在日常教学中，我们应科学地运用“罗森塔尔效应”，给学生积极的评价和期望，特别是对随读生，让他们受到同等的待遇，使他们产生一种积极向上的勇气和力量，从而树立学习信心。为此，需充分利用成就需要理论。首先，在“最低要求和无限发展”的思想指导之下，教师应保证随读生每上一节课或个别辅导时，都能学有所得，而不是“奉陪末座”。其次，明确交代教学活动的目的，让随读生在目标明确的前提下小步子前进。这样既易于达到目标，又能具体地看到学习成果。

实践证明，我们在教育随读生的过程中要善于捕捉教育契机，循循善诱，全心全意地为随读生开辟展示自身潜能的舞台，以更好地挖掘随读生的潜能并为其提供良好的发展机遇。希望随读生在家庭、学校、社会的共同关注下健康快乐成长！

爱的力量：家校配合助力孩子成长

▍东城区和平里第九小学、第三小学深度联盟校　王　静

一、学生基本情况

学生 L，女，11 岁，智力低于同龄正常儿童，语言表达能力差。现为我班随班就读生。

L 和父母同住。父亲不善交际，母亲是导游，经常带团出国，照顾不了孩子。父亲疏于照顾，孩子营养不均衡，身体不太好。原生家庭缺少交流的氛围，也是造成孩子少言寡语和智力发育迟缓的原因之一。

二、措施

1. 创设充满“爱”的环境，树立学生自信，使其融入班集体

一个智力发育迟缓的孩子更需要有一个良好的环境，这个环境能够使孩子感受到理解、尊重、关爱。因此，除了平时在班里尽量和孩子沟通外，我发现孩子更喜欢微信聊天，于是，我常常在下班后利用微信和孩子聊天。这是孩子最放松的一种方式。在微信里，她能毫无顾忌地给老师说出很多当面不敢说的心里话。这便于我进一步了解孩子的想法。

我特意安排多名为人热情的班干部轮流来帮助她，成立伙伴助学小组，在课内课外进行辅导，形成良好的教育氛围，让她感受到同龄人的关爱。

在课堂教学中，我准备一些最基础的习题，让她回答，并给予适

当的提示和鼓励，让她知道自己也能学会很多知识，增强其自信心。

2. 增强有意注意，培养良好的学习习惯

上课时使用多种教学方法，吸引她的注意力；设置适当的问题，尽量多提问她。进行读书训练和写字训练，提高她的注意力，使其树立自信心。

3. 促进家校联系

我和孩子的父母进行了沟通交流，制定了相应的方案：在母亲出差工作期间，父亲不仅要照顾好孩子的生活，每天也要和孩子沟通聊天；而我在晚上加强和孩子的沟通联络，使孩子不感到孤独。

三、具体操作

孩子的记忆力虽然不太好，但是经过反复记忆，能够记住一些知识，所以我就试着运用各种方法让孩子记住更多的生字生词。比如，对于笔画较简单的字词，我让她自己说一说记忆方法；对于较难的字词，我通过讲故事、举例子、说结构，让孩子用巧妙的方法记住。在课余时间，通过带着孩子读一些简单的、她感兴趣的绘本，让她读懂故事内容，了解句子意思，并且试着讲一讲故事，激发她的学习兴趣。一个学期下来，孩子认的字越来越多。

疫情期间，妈妈难得待在家里，我及时和孩子妈妈沟通，使她认识到利用这个特殊时期，一家三口多交流，爸爸妈妈经常陪伴孩子聊天玩耍，使孩子进一步感受到父母对她的爱，可以促进孩子身心的发育。一段时间下来，妈妈说，孩子脸上的笑容越来越多，性格也活泼多了。

通过不断探索，我终于找到了适合特殊孩子的教育教学方法。看到孩子会读会写越来越多的汉字，看到孩子能够大声朗读课文，看到孩子脸上的笑容越来越多，我倍感欣慰。我认识到，对于随班就读的孩子，只要给他们提供良好的学习氛围、充满爱的学习环境，制定适合他们的教育教学策略，他们也一定能像正常学生一样健康快乐成长。

教育植根于爱

▌东城区和平里第九小学、第三小学深度联盟校　李　迎

一、案例

洋洋，男，先天性耳聋，6 岁进入普通小学，现就读六年级。虽然耳聋，但因为及时佩戴了助听器并进行了早期康复，洋洋的语言表达能力同正常孩子相比并没有表现出太大的差距。

二、教育过程

1. 老师的关爱

当我看到这个孩子的资料时，立刻就懵了，脑海中出现好多问题：他能听见吗？能正常交流吗？小朋友们会不会对他好奇？双耳耳聋，怎么上课呀？他是不是应该去特殊学校？……

为了了解这个孩子，我在一年级开学前的家长会结束后，把洋洋妈妈留了下来，不仅询问孩子情况，还听取了洋洋妈妈的建议。经过了解，心里终于有了一点儿底。

开学后，我发现洋洋性格活泼，喜欢和同学们打打闹闹；同学们也喜欢围着他，看他的助听器。但想到孩子的平衡性差，容易摔跤，万一助听器掉了怎么办，我马上决定开个小小班会解决这些问题。

班会上，我简单介绍了洋洋的成长经历，同时也给孩子们讲解了洋洋身上佩戴的“奇怪东西”。我告诉大家，这个“奇怪东西”其实跟大家的耳朵一样，它能帮助洋洋听到声音；洋洋现在正在克服困难和大家一起听一起说，希望大家能理解洋洋并帮助他。听了这些话，孩子们

不再觉得洋洋奇怪，反而很愿意和他做朋友。

2. 集体的帮助

班会后，有的孩子主动邀请洋洋一起做游戏，有的孩子会跟洋洋聊天，还有的孩子非常乐意帮助他学习……渐渐地，大家越来越熟悉，也忘记了洋洋的“与众不同”。

在课堂上，老师们也会注意自己说话的语速，准备一些简单的问题让洋洋解答；课后，也尽可能站在靠近洋洋的位置，尽可能面对洋洋说话。这样，更方便他在学习上跟上大家的步伐。

3. 家长的配合

我觉得家庭是孩子接受教育、健康成长的主要环节，得到家长的支持也是非常重要的。

洋洋妈妈在洋洋的康复过程中起到了很重要的作用。洋洋一有问题，我就会和他妈妈沟通。妈妈也是如此，有事也会第一时间和我联系。有一年“五一”，妈妈加班回来，看见洋洋在玩游戏，就发了几句牢骚。没想到洋洋生气了，两人对峙了起来。于是，洋洋妈妈给我打来电话，让我劝劝洋洋。我通过电话，劝慰了洋洋，跟他说了说妈妈的不易，自己长大了，应该懂事了。到校后，我又一次找到洋洋，和他聊了聊妈妈。

三、效果

在家长、老师和同学的共同帮助下，洋洋已经融入班集体之中了。虽然他还不能像其他同学一样，跟上学习的节奏，但在人际关系上表现得很好，能和同学一起玩耍、一起学习。

教育学生，从爱出发。爱是一种持久而深刻的感情。随班就读的孩子是班集体中的特殊个体，他们有自己独特的个性，有自尊，同样渴望得到老师的关注、同学的认可。因此，我们对这部分学生不能袖手旁观。我们应努力去发现他们的优点，爱护他们，学会欣赏他们。

借助专业团队引领　提高个案指导实效

▍东城区和平里第九小学、第三小学深度联盟校　张　娜

我校的融合教育工作常年与东城区融合教育中心合作，借助专业团队的力量，对教师、学生和家长开展心理健康教育培训、体验等活动，并提供个性化的辅导建议。

六年级班主任老师在微信朋友圈中看到本班小刘同学发布的疑似心理健康问题的内容："抑郁症的药，我不能服用……我不想死，我想好好活着……"

面对小刘同学出现的问题，学校第一时间与东城区融合教育中心宋文校长联系，特别邀请了联合大学心理专家共同与小刘同学的父亲进行沟通。

孩子的父亲介绍，父母双方平时只关心孩子的学习情况，很少与孩子就其他方面进行沟通交流，特别是疏于对孩子使用手机的监督，导致孩子经常把自己关在房间浏览一些不健康网站，沉迷于网络游戏。上学期间，孩子经常以不舒服（呕吐、头晕、心慌）为理由回家休息，主要是为了躲在房间里用手机上网、玩游戏。

听了小刘父亲的描述，联合大学心理专家给出了四点建议。

第一，对于孩子要"多看、少说、不动"，多观察孩子的情绪和行为，少用孩子不喜欢的语言沟通，更不能跟孩子动手。孩子再有请假回家的现象，家中要有人监控孩子的情绪和行为。

第二，到正规医院做两方面检查，一方面是生理方面，全面排查

孩子身体的问题，如呕吐、恶心、心慌以及已经出现的哮喘问题；另一方面到北京儿童医院、儿研所看儿童心理科。

第三，父母双方对于孩子的教育要达成一致，特别是在孩子面前不互相指责，多与孩子平等交流，多陪伴孩子，调整家庭环境和亲子关系。

第四，加强家校合作，与学校随时沟通，鼓励孩子多与同学接触。

在心理专家的指导下，学校德育处、教学处、班主任及其他任课教师密切关注孩子在校期间的情绪、行为和身体状况，每天做好过程性记录并与家长沟通。小刘同学的父母增加了陪伴孩子的时间，与孩子进行平等交流，调整家庭环境和亲子关系。

经过一段时间的家校合作，小刘同学再也没有出现无故不上学的情况，整个人也开朗起来，跟老师和同学的关系更加和谐。小刘同学的个案，让我们深刻体会到专业团队引领的重要性。在今后的工作中，学校会继续借助专业团队的力量，增强融合教育工作的实效性！

聆听心声　心手相牵

▌东城区和平里第九小学、第三小学深度联盟校　孔　悦

新学年开始了，我终于见到了女孩小A。她是一个患有大前庭导水管综合征重度耳聋的孩子，虽已配置了人工耳蜗，但她还在康复适应阶段，听力障碍依然是她面临的一大难题。这也导致小A的沟通交往能力较差，存在一定程度的胆怯心理和退缩性行为。

一、发挥特长，崭露头角

小A性格内向，不主动和同学说话，课间总是安安静静地坐在自己的座位上。有一次，我在班级里开展了诗配画的活动。当我翻阅着孩子们交来的作品时，一张布局工整、主题鲜明、色彩艳丽的诗配画作品映入眼帘。我惊喜地发现这是小A画的。后来，我了解到，小A特别喜欢画画，油画、水粉、素描等都有练习，在画室里能一坐两三个小时或花费两三天完成一幅作品，每次在整体布局和细节把握上都用尽了心思。我把这幅作品在班里进行了展示，同学们发出阵阵赞叹。我想，伴随着这声声称赞，同学们的心里一定泛起了一丝涟漪。

二、发扬优点，感到需要

马斯洛的需求层次理论认为人是有需求的，比如社交的需求。我想，我应当创造条件让小A找到自己在班级里的位置，感到自己是被需要的。我发现小A的优点很多，学习认真，遵规守纪，爱好读书、音乐等。因为小A每次作业都完成得特别认真，所以我就让她负责检查本组同学的作业。在收作业、盖印章、发作业本的过程中，小A和

本组同学加强了沟通、加深了了解，小范围地扩大了交往面。

三、发展互助，帮扶相融

课间的时候，我发现小 A 带来的图书总是很受大家欢迎，同学们争相借阅。小 A 也乐于把自己的图书和大家分享，同时会去借阅其他同学的图书。一来二往，同学们就熟络起来了。我找来经常和小 A 一起读书的孩子，让他们做小 A 的结对小伙伴，多多交流，互帮互助。小 A 在教室里的声音渐渐多了起来。

四、发散能量，自我调适

一个人的发展变化归根到底还是要靠内因。要想真正融入班级，和同学们打成一片，还需要小 A 积极行动，自我调适。虽然小 A 因身体原因不能参加剧烈运动，与别人沟通存在语言上的障碍，但是她渴望得到同伴的认可。我看到过小 A 试图接近几个小伙伴，想和他们一起做游戏，可是百般思量之后还是退到一边做旁观者。于是，我走到小 A 身边，示意她主动找几个女孩玩。小 A 看看我，又看看那几个女孩，有点犹豫。我冲她点点头，小 A 走向那几个女孩，说了些什么，加入了她们的队伍。我想对于小 A 来说，这几步一定是她人生中重要的步伐，这几句话也一定能帮助她越来越自信。

从那以后，小 A 的世界里各种各样的声音多了起来，她的脸上也时不时展现出笑容，整个人都不一样了，“活泼”这样的字眼可以用在她身上了。虽然听障儿童的世界里依然少一些声音，可是只要我们用心去发现、培育，就可以和他们心手相牵。

令人期待绽放的小花

▌东城区和平里第九小学、第三小学深度联盟校　李素敏

小王，男，发育迟缓，随班就读三年级学生。小王衣着干净、整洁，性格也比较安静，有的时候能够坐在座位上听整节课。语言表达方面，小王明显逊色一些，很多时候他一言不发。有时候，他偶尔会吐出几个含糊不清的词。

三年前，我迎来了32朵美丽的小花，小王是其中比较引人注目的一朵小花。因为之前与校长和家长提前进行过沟通，所以他的样子在我意料之中。与其他同学相比，他的个子明显比其他同学高出半头。很快，我就认识了他，并在课上、课下经常关注他。课上，我们学习的时候，他大多数时候会安静地坐在座位上听课。陪读老师会帮他翻开语文书，并根据讲课老师的要求轻声与他交流，适时提醒。他有时候会低下头去看语文书上的课文和生字，只是从不出声读课文。有时候我从他身边经过，他会高兴地拉住我的手，露出一丝微笑。这时候，我会面带微笑地轻轻握住他的小手，并抚摸他的头，让他感受到老师是关注他的。我也尝试在课上对他提一些简单的问题，但是每次他都像没有听到一样，把头扭向一边，从未回答过我的提问。久而久之，课上我不再当众提问他。有时候经过他身边时，我会和陪读老师进行沟通。由陪读老师协助我将要求反复转达给他。课后，我有时候会走到他身边和他聊天。每天放学回到办公室，我就把当天课上的学习内容和要求与他妈妈进行沟通。小王的妈妈是一位十分尽职的好妈妈，

从没有放弃过努力。

在老师、家长辛苦的辅导下，小王从一开始的不交作业，渐渐地交来了生字作业、词语作业，甚至可以完成练习册的作业了。这是可喜的进步！虽然他的书写还不尽如人意，还有许多值得改进的地方，但我们知道，只要努力就有希望。期待这朵与众不同的小花在阳光下绽放！

可爱的随班就读生

▍东城区和平里第九小学、第三小学深度联盟校　王庆庆

小Y是一位女生，性格内向，其行为和语言常常引起同学哄笑，因而产生自卑感，逐渐失去了自信心。

一年级时小Y学习汉字的时候，总是把字写在田字格的左上格或右上格，一篇生字作业歪歪扭扭。无论怎么讲解、示范，她还是不明白。我只好换一种方法试一试。我单独给她“讲故事”：“在我们的生字本上有许多小房子，这些小房子就是田字格。我们要请小客人到房子里住，这些小客人就是汉字。你看，如果让小客人住在房子的一角，多不舒服啊。怎么办呢？我们就把每一个汉字写开些，让小客人能伸开胳膊、腿，占满这个小房子，好不好？”她聚精会神地听着，好像听懂了。我又手把手地教她把每个笔画填在田字格的适当位置。最后，她终于能在田字格里写出一个像样的汉字了。我赞美她写得好，她眨着纯真的眼睛，冲着我甜甜地笑了。看着她的笑容，我心里有说不出的感动。

在教育实践中，我体会到开展随班就读工作，除了要给这些孩子更多的关爱和帮助，还要遵循自然发展规律。不管高大还是矮小，强壮还是软弱，他们都有自己的优势和特点，都会按照自己的方式不断地发展、成长。我们在教育教学过程中，要最大限度地满足随班就读学生的特殊需要，为他们提供融洽、友爱的学习氛围，采用符合其认知特点的教学方法，耐心地辅导，有针对地扩展其认知领域。

他只是折断了翅膀

▌东城区和平里第九小学、第三小学深度联盟校　魏秀建

2019年9月，我担任新教学班的教育教学工作。这是深度联盟学校和平里三小的班级，班级人数少。我以为小班教学工作会轻松，没想到第一天上课，竟看到有位家长始终坐在教室的角落里。她旁边的孩子个子挺高，白白净净的，但看人的目光不专注。这是什么情况？我一头雾水。

终于到了我的语文课。课上，大家的学习兴致正浓，突然有人喊“去死吧”。我当时脑袋都大了，怎么会有这种情况发生，这位家长怎么不管好孩子？这么不礼貌？下课了，这位学生的母亲匆匆走到我身边，非常难为情地跟我道歉，说孩子的语言有障碍，他不知道这句话的意思。原来，他的儿子小夕小时候做过开颅手术，有了后遗症，有语言表达障碍。母亲伤心地诉说着从学龄前到小学即将毕业这漫长而又短暂的时光所付出的艰辛。虽然孩子智残，语言表达有障碍，但孩子没有停止学习的脚步。

后来，在和孩子及家长的接触中，我越来越感到：随班就读学生是校园里的一个特殊的群体。对这些孩子，我们更应设身处地地为他们着想，充分给予其尊重和理解，更要付出百倍的爱。只要我们付出心血与汗水，这些折断翅膀的天使终将绽放美丽。慢慢地，我和小夕的妈妈成了好朋友，也和小夕有了进一步的接触。课后他看见我会和我打招呼，课堂上在妈妈的提醒下也不随便说话。

他妈妈看到别的孩子都在努力学习、不断前行，就很替小夕着急。我和她交流沟通，希望制定小夕的未来学习规划。我认真制订个别化教学计划，课上多关注、多提问。在课后，我为他安排作业时注意分层设计，让他自主选择。当他交上作业时，我优先面批。有时还会发动同学，与他结对帮助辅导。在大家的努力下，小夕在一天天进步着、成长着。

后来的日子里，小夕能独立完成词语积累和语句的抄写，也能和同学们一起读书了。我根据他的情况，给他多留些听书、读书、简单书写的常态性作业，避免给他过重的负担。我也会在语文课上多加关注他，适时给他提醒与鼓励。如在课上设计一些他感兴趣的话题，请他和妈妈参与同学们的分享互动，调动他学习的积极性。小夕在课堂上更专注了。

小夕每天和正常的孩子们在一起学习，和谐相处，时时感受到集体生活的快乐与充实。像小夕这种孩子，我们在教育教学中要最大限度地满足他们的特殊需求，有的放矢地发展他们的认知领域，给他们创造机会，创设他们需要的空间。疫情期间，我每天都和小夕妈妈交流，妈妈说语文书上的故事，小夕可爱听了。听书已成为他的一种习惯。他在数学计算方面也成为“奇”才，总能得到老师的表扬，每天在学习中体验快乐，收获着“成就”。祝福小夕，相信他会在未来的学习、生活中飞得更高更远！

小学生心理健康教育教师的心里话

▍东城区和平里第九小学、第三小学深度联盟校　曹新颖

作为一名校医，我在日常工作中接触了许多特殊的学生，在与他们沟通时记录了所发生的事情。现在的小学生大多是独生子女，从小娇生惯养，养成了事事以自我为中心的性格。上学后，家长、社会给了他们太多的压力，孩子们很难接受和适应，于是出现了很多心理问题。这些问题，影响着孩子们的健康成长和性格养成。与此同时，社会在进步，物质越来越丰富，对人们的素质要求也越来越高，所以，培养学生不能只教书本上的知识，还要教给他们如何学习，如何接受和处理更多突发事件。为此，学生的心理健康问题就显得尤为重要。拥有良好的心理素质和健康的心理状况是保证学生学习知识、增强能力的根本。

通过心理学方面的培训和网上自学心理学材料，我真正地明白了一个道理：家长是孩子的影子，老师是孩子的楷模。开展心理健康教育，不只是一两位专业教师的事，它还需要全体教师的重视和参与。为了学生的心理健康，我还从以下几方面入手。

一是尊重学生。作为心理教师，我会经常问自己：我尊重学生了吗？尊重学生包括尊重学生的人格、尊重学生的劳动、尊重学生的成绩和尊重学生的隐私。

二是不可有私心。这私心是指我对待学生要公平、公正，不能感情用事。成绩好的学生固然受到老师的青睐，但是教师不能因为某个

学生成绩好而偏心、偏爱他，甚至做出不公平的决定。

三是要讲诚信。作为教师，我给学生许诺的事情一定要兑现，这是必须做到的。有些学生在和我交谈中诉说，有的老师会有意无意地把所发生的事实夸大或缩小，从而让他们心里感到委屈，或者是承诺了学生某件事情，过后又不承认。

除了和每位特殊学生交谈，我也会积极地与班主任老师沟通。对此，我也有几点心得体会。

一是每一位任课教师在上课时都应该时刻保持良好的情绪。对学生，要和蔼可亲，善于观察学生的情绪变化，及时排除不良情绪的干扰。尤其是特殊群体，更应及时发现他们的闪光点，抓住教育契机，给予不同方式的赞许，鼓励他们进取。

二是随着社会的重视，目前学校教育已慢慢成为学生心理健康教育的主阵地。这不仅需要专业的心理辅导老师上好心理健康教育课，更需要其他各科老师结合本学科特点，把心理健康基础教育放在首位。

通过积极参加各种形式的培训学习，我深刻懂得，融合教育推行至今，不论国外或国内，赞成者勇往直前，需要有博爱和大爱的胸怀。我要把心理健康教育的原则和方法充分运用到教育教学中，将两者有机结合，确保学生健康成长，使学生的人格得到和谐发展，以适应未来的社会需要，使他们真正成为有理想、有道德、有文化、有纪律的一代新人。

用心、用爱去呵护每一个孩子

▌东城区和平里第九小学、第三小学深度联盟校　尹　园

2018年7月，我再次以一年级班主任的身份迎接新一届的孩子们。初次踏入小学校园的40个小家伙中，有一个引起了我的特别注意。他就是小J。

一、充分了解，做足准备

通过与家长简单的沟通，我得知孩子有癫痫病史。对于从来没有接触过癫痫病人的我，一度觉得这个病没有什么。直到有一天，在课堂上，他突然抽搐倒地。那一次，我犹如遭到当头棒喝。因为不了解，所以茫然失措，于是我决定去真正地了解他。

首先，我查阅资料，了解癫痫的很多知识。通过观察小J发病时的状态，加之与其爸爸多次沟通，我了解了他发病时的表现，也慢慢摸索出了相应的对策。当他突然发病倒地时，不要急于去扶他，给他一点时间，一般30秒以内他就会慢慢地恢复意识，再把他扶起来。小J发病有一个特点，就是每一次发病都发生在他睡觉的时候，而他嗜睡又是药物导致的、不可控制的。这就是一个很矛盾的点，只要吃药，就会导致嗜睡，只要睡觉，就可能会发病，这种状况是谁也改变不了的。所以针对这一点，我尽量在他睡觉的时候两边放一个桌子或者安排一位同学，以免他倒地时磕伤自己。

二、用心观察，了解孩子的行为特点

小J的病，也使他的智力水平、生理水平、情感发育等有别于其

他同龄孩子。第一，他的讲话速度很慢，而且交流的内容很简单，回答也是“嗯”这样简单的语气词居多。第二，写字没有力度，拿笔不稳，一个字能写半分钟，写出来的字还是歪歪扭扭的。第三，畏难情绪严重，课上的内容他基本上听不懂，所以就干脆不听，作业也无法完成，跟不上老师的进度。第四，运动能力较差。由于药物的原因，影响了他双腿的发育，他走起路来也不是很稳。跳绳、仰卧起坐等都无法完成，体育课跟不上大家的进度。第五，情绪不稳定，自己想要的东西必须得到，得不到就会大喊大叫。

三、针对问题，找准对策

1. 针对特点，个别化指导

经过一段时间的观察，我发现他完全跟不上教学进度。

比如二年级上册学习乘法，可他还停留在 20 以内的加减法，所以课上总是处于一种听不懂的状态。针对他的这个问题，我降低难度，从最基础入手。教学中我注意利用知识的趣味性，调动他学习的热情；同时采取“反复训练、强化记忆、集体帮学”的举措，给他单独布置小练习，新的知识可以先放一放，从最基础的知识开始补。对于小 J，我要尽可能地给他赞扬与鼓励，为他打造一个坚实的自信平台，稳稳地托着他去摘取属于自己的成功果实。

2. 调动集体力量，发挥友爱的作用

孩子们虽然年龄小，但是都有自己的判断。因为小 J 动作慢，还有一些小脾气，一些孩子不愿意跟他玩。但是这个年龄段的孩子也有一个特点，就是特别愿意给别人提供帮助。所以我抓住了这一点，鼓励大家去帮助他。当别人给他提供帮助的时候，我会抓住这个机会及时地给全班做一个简短的德育教育。慢慢地我发现，大家帮助小 J 不是为了得到表扬，而是发自内心的。大家接纳了小 J，这也使小 J 爱上了这个集体。

3. 加强家校联系，实施共同教育

学校教育和家庭教育并不是独立的，一个孩子的健康成长需要这两者密切配合。例如刚入学时，小 J 是一个瘦瘦的小伙子，在校食欲也不是很好。直到下半学期，他入院治疗回来后，我发现他长胖了不少。我及时地跟他爸爸取得了联系，得知他这次入院治疗后换的药会使他食欲大增，因此我协助家长控制他在校的饮食。尽管如此，他还是一个小胖子。二年级上半年，情况又发生了变化，他又不怎么吃饭了。我及时和他爸爸进行沟通，得知又是换的药影响了他的食欲。为了让他能多吃一点，每天我会把他比较爱吃的面食多分给他一些，而班里的其他同学有时也会主动把自己的那份分给他。家校紧密联系，使我及时调整教育策略，更有针对性地去指导他。

作为一名教师，我要做的就是用心、用爱去呵护每一个孩子。爱生之心，师皆有之，热爱学生是教师的天职，没有爱就没有教育。对于这些孩子来说，我们要给予他们更加特别的爱。只有我们特殊的付出，才能换来孩子真心的笑和快乐的成长。对于班里的其他同学来说，老师的行为即是言传身教，慢慢地，他们中的每一个人也会学着去爱、去包容。在这样一个集体中，每个人都是爱别人的，同时也是被人爱着的，这是多么幸福的一件事啊！

约定的力量

▌东城区和平里第九小学、第三小学深度联盟校　李海溧

一、个案回顾

一天，刚进班就有一名学生跑来跟我说："老师，S 同学拿铅笔划我脸。"我赶紧让这名同学到医务室处理一下，之后把两名当事人和其他了解情况的同学叫过来询问事情经过。原来是 S 同学给对方起外号，对方不高兴就说了 S 同学几句，S 同学便动手打了对方。由于当时他手里拿着铅笔，不小心就把同学划伤了。于是我对 S 同学进行了说服教育，并让他跟同学道歉。虽然平时也听到 S 同学和其他人发生小磕碰，但是这次的事件不得不引起重视。是什么原因导致了他易动手的毛病呢？有没有方法能逐渐减少或者杜绝这样的现象发生呢？

二、行为分析

一是自控力较差。平时管不住自己的手脚，易惹是生非，言行举止不分时间、场合；在课堂上，自己不学还影响其他同学，课间常对同学动手动脚发生小碰撞。

二是自尊心较强。不能接受别的同学说自己不好，一旦有同学说了，他就会与人争执，甚至动手以发泄心中不满。

三是逆反心理严重。由于经常和同学发生矛盾，许多同学不愿意跟他一起玩或者好几名同学一起批评他，他觉得被无视或者被冤枉就会产生逆反情绪，做出更多制造矛盾的行为。

四是处理问题不当。每当与同学发生矛盾时，不管自己是对还是

错，都一味地通过打人来解决，长此以往恶化了与其他同学的关系。

三、辅导与反思

第一，用心观察，走近孩子。每一个孩子都是独特的，当他们出现问题行为时，教师要把观察放在首位，关注学生的发展特点和水平，用心观察他们在学校的行为，并跟家长了解在家的状态，走近他们，给予及时、有针对性的帮助和矫正。在对S同学进行了一段时间的观察之后，我发现他很聪明且懂得不少道理，并没有任何身体上的疾病，其行为多数是心理和习惯造成的。

第二，勤于沟通，言行一致。与他进行谈话，耐心听取他的想法，对合理诉求提供相应的帮助，让他感受到自己被重视、被关注。我跟他约定，“觉得被冤枉的时候不能动手打人，可以找老师帮你”。任课老师也和他做了约定，“只要他的成绩达到合格就给予他奖励”。这些约定起到了一定作用，他开始寻求老师的帮助，并且能在上课时听讲，尽量克制自己的小动作。通过和学生建立契约，共守承诺，帮助其理解言必信、行必果的内涵，增强其自控力、责任感以及契约精神。

第三，热情鼓励，增强自信。鼓励孩子发挥擅长画画的优点，将他的作品展示给同学，并鼓励他积极参与班级事务，在增强自信心的同时也让班级其他同学看到他的优点，愿意与他交朋友，帮助他更快融入班级。

第四，家校沟通，共同进步。与他的父母进行沟通，让他们多抽出一些时间来关心他的学习和生活。当孩子遇到问题时，不能任其采用打人、摔东西、发脾气等方式解决问题，而是要教会他如何正确处理问题。积极的家校沟通，才能做到不脱节、不缺位，在潜移默化中纠正学生的坏习惯，提高教育的效果。

自闭症案例分析

▍东城区和平里第九小学、第三小学深度联盟校　金秋钰

一、个案资料

小陈，男孩，7 岁，患有自闭症。入学时有陪读老师，平时上课较为安静，有时嘴里会发出声响，不会主动和旁边的同学交流。集体活动时，他总是在一边观望，不会主动参与。只有当老师用很多种方法引导他时，他才能融入进来。即便是排队洗手等简单的活动，都需要老师走过去手把手地拉，有的时候即使老师带领他到活动场地，他也是旁若无人地定格在那里，怎么也不动。

二、调查与分析

小陈的自闭症是天生的，他活在自己的世界里。他嘴里经常发出怪声；在教室、走廊、操场乱跑；手中总爱玩弄铅笔、橡皮、笔袋等；对周围的事不关心，似乎听而不闻、视而不见，自己愿意怎样做就怎样做，周围发生什么事似乎都与他无关；目光闪烁，不易停留在别人要求他注意的事情上。针对他的这些行为，我决定在他身上实施训练，以帮助他缓解一些较严重的症状，并努力改掉一些不好的习惯。

三、教育策略

1. 兴趣培养，树立自信

兴趣是最好的老师。对于自闭症孩子而言，要引起其注意，必须先从其兴趣出发，引起他的无意注意，然后将他的无意注意转为有意注意，并服从教师的言语指令。例如：小陈同学比较擅长乐器演奏，

元旦联欢会上为大家表演了尤克里里，演奏后博得了大家的掌声，他自己也十分高兴。其实我觉得在这个过程中他树立了自信心，这样能让他更好更快地融入这个大家庭中。

2. 表扬鼓励，增强自信

老师的一句表扬、一句鼓励对于自闭症孩子更有意义。在他封闭自己的因素中，自卑应该是一个很重要的因素。为了给小陈树立自信心，我不放过他任何一个微小的动作，努力去挖掘、放大他的优点，只要行为有意义积极的，都及时给予口头肯定、鼓励。比如，课堂上，我经常会说：小陈的坐姿最标准，小陈的课前准备做得最好，小陈朗读课文的声音真洪亮，等等，以此来不断强化其积极向上的认同心理。

3. 体验成功，享受快乐

成功体验对一般孩子来说，或许是件很容易的事，但对于小陈来说，并非一件容易的事。例如：对于正常孩子来说，将词语、句子读得正确流利非常简单，但对于小陈来说就很有难度。因此上课时我会挑选一些简单的词语，让他当小老师带领大家一起读，或让他背诵简单的古诗，使他从成功体验中获得自信。

4. 家校配合，共同进步

在特殊教育的领域里，不仅需要教师和专家的参与，而且需要家长的参与。预见其发展障碍进而进行干预，将会取得更好的效果。

在对小陈进行教育干预的过程中，我与他的家长共同商讨各项教育对策和训练措施，发挥各自的教育优势和特点，在实施教育训练过程中协调一致，及时交流，逐步矫正孩子的缺陷，促进其好转。家长对自己的孩子最了解，最能洞察孩子心理、生理和情绪的变化，最了解孩子的所缺所长之处，最清楚孩子的现有水平和发展潜力。因此，家长与学校老师密切配合，是非常重要的。

四、效果

经过一年的训练，小陈取得了很大的成绩：能帮助老师做些小事，而且比较乐于这样做，能听从老师的指令来调整自己的行为；乐意和其他小朋友交往，在课间活动时，愿意和老师、小朋友一起游戏并进行简单的交流；每天早晨进班会主动和老师问好。我们每天都能看到他的点滴进步。希望我能给予他更多的帮助，让他能慢慢与更多关心爱护他的人进行交流。

“磨蹭大王”变形记

▍北京市汇文第一小学　刘　颖

一、初识“磨蹭大王”

刚接三（4）班两周，我就发现班里一个叫曾曾的男孩做事特别慢：他上课写作业时总是分心，写一会儿就愣神儿一段时间或者是玩会儿手中的笔，直到我轻声催促，才继续写；他没有按时完成作业的时候，甚至考试时也不慌不忙，经常是卷子只做完一半考试就结束了；中午吃饭时也总是最后一个吃完；放学收拾东西也是最慢的，经常是全班同学排好队等他一个。有几次早上他眼睛红肿，一问才知道原本一个小时就能完成的作业，他一拖再拖写到次日凌晨 1 点多才完成。他被同学们戏称为“磨蹭大王”。

二、深入了解“磨蹭大王”

曾曾很容易被所见所闻分散注意力，不能成功地管理他的“待办事项”清单，从不准时，经常忘记每天需要做什么。但他动手能力很强，能用纸制作出船、枪等小玩具。当他制作时，注意力集中的时间长一些。但是，这时是不允许有人干扰他的，否则他就会大怒，甚至对他人大打出手。

曾曾还有一定的阅读障碍，不能默读，必须出声，即使这样读也不能完全理解文章意思。对语文字词、英语单词都有记忆困难。

三、帮助“磨蹭大王”变形

曾曾写作业时要他不玩东西、不分心实在不容易。他已经三年级了，不可能通过一两个回合的较量就改变他，所以对他的疏导和教育不能操之过急，而要循序渐进，一步步改变他的不良行为。我主要通过以下四步帮助他。

第一步：与家长达成一致，组织教育合力。

首先与曾曾妈妈一起分析了他写作业磨蹭的原因，并肯定了曾曾的优点，给家长以信心。接着指出了如果不改掉不良习惯的后果，让家长产生危机感。最后与家长在三个方面达成一致：（1）在家里安排一个他自己的学习屋，学习桌上尽可能地减少物品摆放，减少干扰。（2）适当限制完成某一件事的时间，无论是写作业，还是起床、穿衣等生活小事，培养孩子的时间观念。（3）自己的事情自己做，绝不包办。为了避免欲速则不达，我没有提过硬性的要求，而是让家长自己视情况调整时间，直至合理为止。

第二步：召开主题班会，形成集体教育氛围。

我以三年级语文课文《和时间赛跑》为载体，召开了主题班会“我要和时间赛跑”。班会上，同学们纷纷背诵自己喜爱的关于时间的格言，如“一寸光阴一寸金，寸金难买寸光阴”。接着同学们讲述了名人或伟人珍惜时间的故事。最后同学们踊跃地说了自己的亲身感受。有的孩子说会在上、下学路上，比如地铁里让妈妈帮着检查英语单词的背诵情况来节约时间，还有的孩子说了自己浪费时间后的惭愧。我特别留意观察着曾曾的表情，看到他的小脸上写满了惊讶，有羡慕、有懊悔，同学们的发言深深震撼了他。我让班长邀请曾曾谈一谈体会，他红着脸一言不发，过了许久才嗫嚅着说：“我做事总是磨蹭，我错了。”我与同学们用热烈的掌声鼓励他。班会过去一周，他在行动上没有什么变化，看来一定要让他亲身体验到磨蹭的害处。

第三步：写完作业再走，体验磨蹭的害处。

在与家长协商后，我决定实施第三步计划。中午辅导班各科老师布置了作业，我认真地说："同学们，今天的作业不多，一定要在学校写完作业再走。"我严肃地看了一眼曾曾，他还是一副不以为然的样子。教室里静悄悄的，同学们都聚精会神地写着作业，只有他愣着神儿，我没有催促他，只是看着他，终于他低下头开始写了。过了一会儿，同学们陆续交作业了，然后纷纷走出教室。曾曾的表情不像刚才那么自信了，写字的速度明显快了一点。当值日生也背着书包离开时，他开始紧张了，不断地向教室后墙的钟表看。由于他写的速度加快，不断地写错字，频繁地涂改。我仍然一脸微笑地望着他，一点也不着急。"老师，我妈来接我了。""不着急，你慢慢写。"他的眼睛望向教室的门，一次又一次失望地收回目光，他期待的身影并没有出现。"老师，打雷了，要下雨，我没带伞。""今天我开车送你，我已经通知你妈了。"我平静地说。见希望一一破灭，他终于静下心来写作业了。由于着急，他的额头渗出了汗珠。这时候我轻轻走过去，说："曾曾，能告诉刘老师你现在是什么心情？"他一边捏紧手中的笔一边说："着急，我也想跟大家一块儿回家。""老师相信你，只要你改掉磨蹭的坏习惯，一定能跟大家一起放学回家。"当我与曾曾迎着暮色一起走出校门时，我心中又充满了新的期待。

第四步：坚持有效训练，让他感受讲效率的快乐。

在课上、课下，我随时纠正曾曾的握笔姿势，给予他更多的关注与指导，并且采取竞赛的方式鼓励他与其他同学比速度、抢时间。比如，我采取限制分心次数的方法，使他愣神儿的次数由一节课十次减至两三次。那次晚归对曾曾的触动很大。此后他偶尔下意识地玩起笔，也会不由自主地望向我，目光相遇，他便不好意思地拿好笔继续写。下课了，他也很自觉地写完再出去。在家中，孩子的妈妈等他写完最后一个字，才允许他吃饭。这也是我们的约定。

一个学期很快过去了，曾曾同我与他刚接触时不一样了，明显地改掉了磨蹭的习惯。在家里，他也改掉了边吃边写、边玩边写的习惯，有了一定的自理能力，偶尔还能帮妈妈干点家务，妈妈高兴极了。

四、反思与总结

“磨蹭大王”的变化真是令人欣慰，也促使我对教育工作进行反思：对一个稚嫩孩子的教育，要有计划、有措施，像教学备课一样，还要赢得家长的信任与合作。事先的精心设计，使他明显意识到了时间的价值，知道了自己磨蹭的害处；情绪情感上的体验促使他从意识到行为得到改善。但距离真正养成好习惯，还需要老师与家长费一番苦心。我们不能奢望在学生荒芜的心田撒下几粒种子、淌几滴汗水就能收获丰硕的果实，只有日日夜夜、点点滴滴坚持下去，才会显现成效。因为毅力可以改变习惯。

此时，我想到了魏书生老师说过的话：思考惯了的人不思考，不习惯思考的人开始思考，几乎要有同样的毅力才能战胜习惯。每个人都有习惯，积极的、良好的习惯是人的良好的心理素质的组成部分。习惯强化到一定程度就变成了人格，它对人的影响是终身的。面对一个已经养成不良习惯的孩子，改造工作比塑造工作难得多，要花费大量的时间和精力，不断巩固强化正确的习惯,“覆盖”原来的不良习惯。此次“磨蹭大王”成功变形给了我信心。

特殊的关爱

▌北京市汇文第一小学　贺春莉

我是低年级部的一名班主任。我带的这个班里有一个学生，他在一年级的时候经常打人，可以说打遍了全班所有同学。因为他，这个班经常不能正常上课，不能进行正常的教学，家长、同学意见很大。我暂且把这个孩子称为“豆豆”。

这个孩子，我从他身上学会了很多，也为他付出了很多。

一、沟通了解，打好基础

从接受班主任任务的那一刻起，我就在琢磨怎么和这个班的家长打开局面，工作中如何解决特殊学生的问题。我虚心请教所有教过这个班的老师，从他们口中了解班级情况、学生情况，然后制订工作计划、摸索工作方法。

在假期里，我主动和所有家长加了微信，初次相识也得到了家长的认可。这增加了我的信心。我从其他家长那里了解到他们对这个学生的担忧和不满，甚至有家长要求让这个孩子转学。这是我没有预料到的，情况很复杂。

假期里，我对这名同学进行了家访。经过和他妈妈一个多小时的沟通交流，我们达成一致：家长配合老师工作，改变他的行为。我在家访时还给他布置了小任务，让他每天都背古诗，开学时在同学面前展示。

二、环境育人，学会接纳

9月1日，学生们来到了学校，“豆豆”顺利背了多首古诗，我在全班同学面前表扬了他，因为他遵守我们的约定。他对我有了一些好感。在最开始的两个多月里，每节课后我都紧紧盯着他，怕他打同学。他脾气很大，有时候遇到不如意的事，随手抄起东西就向人掷去，铅笔盒、书本、楼道的灭火器，我一次次从他的手中抢下。另外，所有同学都不愿意上课挨着他，远远地跟他保持距离。只有我一个人的力量肯定不行，我只是把他看住了，但同学们不认同他。我又陷入了深深的思考。

班级风气至关重要，好的班级环境能够促进孩子们身心健康成长。我们班的班规就是“爱集体、爱同学”。简单的六个字，内涵却很丰富：集体利益至高无上，需要人人维护。我让孩子们时刻记住这六个字。慢慢地，他们学着关心集体，板报、壁报，大家都积极参与；午饭后，所有人在教室里抢着做卫生；有同学不遵守纪律就有人管；有同学犯了错，大家一起帮助他……和谐的班级氛围、积极向上的班风在逐渐形成，同学们也在努力中不断成长。“豆豆”同学每天午饭时抢着给同学们发湿纸巾，他再也不动手打同学们了。同学们也对“豆豆”慢慢接纳了，从最初没有人愿意跟他接触，到有同学愿意坐他后面了，到有同学愿意和他同桌了。越来越多的同学在接纳他，也让越来越多的家长放心，更没有家长再提让他转学的事了。

三、同学关爱，助他成长

疫情期间，我们班建立了学习小组，每周活动两次，每次30分钟。利用小组群，孩子们进行交流，有的时候学习语文，有的时候读英语，或自发创建学习的方式。大家轮流做组长。孩子们完成任务后，用音频的形式传到群里，大家相互学习交流。等“豆豆”做组长时，他很高兴，除了给组员安排学习任务，还安排组员唱队歌、校歌。他还带着大家一起唱队歌、校歌，所有的同学都很支持他，协助他完成组长工作。他和同学们的关系越来越好。在同学们的帮助下，他越来越进步！

四、家校合力，重点关爱

“豆豆”的进步就是家校配合、形成合力的结果。每天放学后，我都和他的家长交流他的在校情况，指导家长做好家庭教育，共同对孩子进行帮助。一个学期下来，我们的交流由最初的告状、批评，变成了报平安、鼓励，后来又有了更多的表扬。“豆豆”改掉了爱打架、欺负同学的坏习惯，他对学习越来越有兴趣，作业及时完成，还能主动改错。

疫情期间，我多次电话家访，和家长、孩子分别沟通，了解孩子在家的生活和学习情况，帮助妈妈舒缓紧张焦虑的心情，鼓励孩子在家帮助家长做家务，做好情绪调控。在家长不会看“空中课堂”时，就一遍一遍耐心指导，帮助孩子收看“空中课堂”。孩子遇到学习上的问题，直接打电话指导，让他也能感受到老师的关爱，让他的学习不掉队。

新的学期开始了，希望我和他建立更友好的关系，希望他有更多进步。

牙印“消失了”

▌北京市汇文第一小学　高　君

一、牙齿的故事

开学第一天放学后，我像以往一样给孩子们摆放桌椅，当拉到最后一张桌子的时候，感觉怎么这么割手，低头一看，桌子边棱上都是齿痕，我们班可都是新桌子呀！第二天我就观察坐这张桌子的孩子——小W，发现他只要坐在椅子上就一个动作——啃。我把孩子喊到身边问为什么这么做。孩子告诉我，他想啃，不啃难受。

我还发现孩子身上不只这一种现象，还有其他方面的表现：咬东西，桌子、椅子都咬；吃东西；控制不住情绪；没有规矩；吐口水；乱涂乱画；不会整理自己的物品；不坐椅子，满教室地爬；缺乏交往能力；对同学有动手现象；吃饭问题。

二、我的分析

针对这样的情况，在了解了孩子的家庭状况后我做出以下原因分析。

1. 家庭原因

首先，孩子从小都由老人带，老人过度宠爱。孩子的一切都由老人包办，吃、穿需要大人的帮助才能完成，甚至在开学前几天才学会自己吃饭。其次，父母陪伴的缺失。父母比较忙，陪伴孩子的时间过少。最后，家长没有意识到行为习惯对于孩子的影响。

2. 自身原因

早产也可能是造成孩子出现此类情况的原因，他身体发育不良。

3. 外界原因

小 W 在上幼儿园时接受的是蒙氏教育：上课遵循学生的天性，学生想坐着就坐着，想趴着就趴着……

三、我的帮扶措施

家庭方面，我首先进行了家访。我把这些情况都给家长说明后，家长也意识到问题的严重性，表示积极配合老师的工作。其次，我建议家长可以做一些心理辅导，寻找孩子出现此类问题的原因。再次，我准备了一个联系本，每天记录孩子一天的表现。对于孩子表现好的，会建议家长多鼓励、多表扬并奖励；对于不足之处，家长在家里也督促监督，做到家校一致。最后，我建议家长做家中老人的工作，多给孩子锻炼的机会，不要因为怕他做不好而不让他去做。

班级方面，我在班级内多表扬、多鼓励他，给他找事做。如让他帮助班级整理图书、看管钢琴、倒垃圾等。

四、孩子的改变

在家校协同合作下，孩子不在教室内乱爬了；规则意识加强了，桌面能保持干净了；自理能力提高了；不乱吃东西了……虽然有的时候老师还是要提醒，但是孩子在往好的方面发展，说明我们的努力是有成效的！

对于咬桌子的问题，我制定了专门的措施。

一是和孩子讲明防撞条的作用，这样做的原因。

二是和孩子协商一节课中不咬桌子，老师会奖励一枚学币。

三是转移注意力。当你想咬东西的时候，可以拿出一本书来看。

四是老师多关注。发现有这样的情况时，走到他的身边轻轻地摸摸他的头，以动作来提醒他。

五是通过联系本和家长沟通学生在校与在家的情况，共同监督督促。

六是和家长协商，几天内防撞条不换就满足孩子一个愿望。

刚开始防撞条 3 天就全部坏掉，经过一个学期的监督督促，防撞条已经被撤掉，孩子几乎没有了啃咬的现象。

五、我的困惑

虽然在班级里倡导团结互助，找优点、看优点，尽可能地让其他同学看到他的进步和长处，在班级里传递正能量，但是随着年级的增高，其他孩子们提出，“老师，为什么他上课不听课你都不批评他，为什么我就必须要遵守呢？”

作为班主任，我给予他爱心、关心、耐心。虽然我也很努力地学习了很多这方面的知识，但是面对这样的孩子，我感到单纯的教育背景学识已经不能满足现在孩子的身心发展了，需要更加专业的指导。

用爱雕琢“璞玉”

▌北京市汇文第一小学　钱　程

一、背景描述

我们班有这样一位小女孩，经常专注地盯着一个地方看；不知道什么时候就会出现情绪上的波动，扰乱课堂秩序。

这天上课她就出现了“状况”：一会儿躺在地上大声唱歌、出怪声，一会儿又趴在地上转圈；一会儿跑到同学旁边把人家桌子上的东西扔到地上，一会儿又把自己书包里的东西倒得满地都是。班里同学就像看表演一样看着她，哄堂大笑声此起彼伏。一周来，课堂上她都是如此地表演着，自己沉醉其中。我曾大声批评过她，但收效甚微；我也曾课下找她谈过，可她就是对着我一直笑，嘟嘟囔囔重复着一句话：“老师，你真漂亮！”

我意识到，她的行为不是单纯的纪律问题，而是存在着心理问题。我查阅了资料，请教了心理老师，我想用心理学的知识去认识她、分析她、帮助她。

二、分析、解决问题过程

为了更加全面和深入地了解孩子的情况，做好一手资料的收集和分析，我从班主任那里了解到：孩子小时候跟着老人长大，老人更多的是对孩子生活上的照顾，缺少对孩子精神和思想上的关注；孩子在家多是看电视或自己玩，很少跟老人交流；对于孩子的不良行为，老人更多地采用了容忍和退让；孩子上学后由妈妈看管，妈妈脾气不好，出现问题后经常打骂，事后更是缺少对孩子不良情绪的疏导。我还从家长那里了解到，孩子由于身体发育问题，需要隔段时间进行药物治疗。

上学后，孩子的身体跟同龄人相比，发育还是缓慢了一些，而且行为和情绪问题更加严重。为了孩子的身体能正常发育，家长时不时地会给孩子吃一些药。我发现孩子吃药后，神情呆滞，经常趴在桌子上睡觉，她不再出声了、不再笑了，减少了对课堂纪律的影响，课间也看不到她到楼道里活动了。孩子这个状态持续了很长时间，虽然我能正常上课，但是心里不是滋味。我跟班主任和其他老师交流了孩子的情况，大家也都有同感。家长也发现了药物对孩子成长的影响，于是停药了。停药后，孩子又恢复了原状，授课再次无法进行。根据我学到的知识和十几年的教育经验，我确信一定能有让孩子安静下来的方法。

为了更加准确和清楚地知晓孩子在校的情况，我开始对她全天候密探式跟踪。每天我都会到班里转转，到楼道里跟同学们说会儿话，悄悄观察她，看她到底是什么情况，都在做些什么，有哪些情绪上和行为上的变化。我还跟其他学科老师联系，了解她在其他课上的表现。通过一段时间的跟踪和记录，我从收集的数据中发现了一个小规律。我发现每天上午 10 点前她的状态能基本平稳，越是临近中午情绪波动越大，不良行为越多。一般性的语言鼓励和表扬对她不起作用，物质奖励效果不大。但她能受控于自己喜欢和专注的事情，比如给她一本喜欢的书，她能专注地看一节课，课堂上生动的课件能吸引她，教师声情并茂的授课也能吸引住她。每天早上来的时候，如果她能找老师和同学说话，课间的时候能出来跟同学玩，她这一天的情况就会好很多。如果她一直不出声、课间也不出来玩，十有八九会在这一天的某个时间段出现问题。

于是，我加强了对课堂教学内容的调整，加入了生动的课件和动画来吸引她。课前，我会找到她，告诉她“老师给你准备了一个神秘礼物，但是要在下课后给你”，让她有所期待。下课后我马上总结她的行为，给她鼓励。如果是临近中午的课，我会在课前给她几块糖果，糖果好像有魔力，她能控制自己一段时间。我和班主任约定，每天早上我会看看她，帮她梳一个漂亮的小辫，或者给她戴上一个漂亮的头花。我轻轻地告诉她，你今天真漂亮。课间，我在楼道里陪她玩，带着她看看同学们都在玩什么，谁的脸上有微笑。课上，她躺在地上玩儿，我给她放一个椅垫；她喜欢画画，我给她准备了彩纸，每天一种颜色，告诉她因为有了不同的颜色，我们的生活才这样美丽。每天她还是一如既往地做着自己的事情，我每天也是这样陪伴着她，时间长了，她也会偶尔跟我说会儿话，告诉我她的一些事情。她还是总说“老师你真漂亮”，但是我感觉到她脸上的微笑多了。有时候我没来班里，她会跑到办公室找我，只是在门口看看我就又跑了。我相信她正在慢慢地发生着改变，这需要时间的磨砺，需要我的陪伴。

三、经验和反思

教师要改变教育观念，对待孩子不是用单纯的管理和约束把孩子塑造成老师眼中的好孩子，而是要陪伴孩子成长，给予孩子特别的关注，让孩子有归属感和幸福的成长空间。教育不是一气呵成，是长时间的浸润，要有耐心和温暖的等待。

这个孩子确实是有问题。作为老师，我们要清楚地认识到，自己的课堂和传授知识远没有孩子的身心健康重要，一味地指责和批评只会给孩子的身心带来更大的伤害。对待孩子不能用一种方式，要采用他们能理解和能接受的方式，说他们的话。我们更要多学习一些心理学知识，找到每一个孩子行为背后的心理原因，通过我们日常的教育教学来进行有针对性的帮助。我相信，只要我们用专业的知识作支撑，再加上我们的教育爱心，一定会将“璞玉”雕琢成一块“美玉”。

疫情期间的一份教育关爱

▌北京市汇文第一小学　贾天音

2020年2月1日，学校党支部对我校学生家长参与疫情防控工作进行摸排，我得知我班学生小昆的妈妈将在2月7日随“协和医院国家援鄂抗疫医疗队”到武汉同济中法新城医院工作。我们每个人都对疫情有一些恐慌和焦虑，但我们坐在安全的家中。我暗下决心，要当好学生和家长的贴心人和主心骨，让这位抗“疫”妈妈没有后顾之忧。

我首先梳理出基础工作，就是对小昆进行学习答疑和生活指导。我通过钉钉、电话、视频等，时常关心他的各种情况，做好督促指导，及时发现并解决问题。但他的情况比较特殊，只有老师基础的指导是不够的，还要“特殊情况特殊对待”。为了能切实帮助他，我又采取了一些“特别”的方法。

一、一封家书

在舆情工作小组书记和主任的指导下，我指导孩子给妈妈写了一封家书。一年级孩子不擅于表达自己的情感，他本身又较为内向。我该如何引导他呢？我问他：你对这次疫情有什么了解？都知道什么呀？妈妈去武汉干什么？她去武汉时你的心情是怎样的？你是怎么想的？你在电视新闻上看到一些报道，你又是怎么想的？就是这样，循循善诱，让这个内向的不擅于表达的孩子敞开心扉，把内心深处真实的想法向我倾诉。我再指导他写出来，指导他修改。我还根据孩子的特点，为他修改、润色。当妈妈收到这封家书后，非常感动，还穿着防护服在医院给我们录制了一段视频。

二、枫叶寄情

在刚接到“停课不停学”任务时，年级组积极展开教研。其间不断收到区里新的指示和精神，使我们意识到“停课不停学”的教学理念和思想站位很高，要把学生的身心健康放在第一位，科学、适度安排学习生活。语文学科变化很大，需要老师在观念上有一个比较大的转变。我们的活动课程要适时适度地结合疫情，对学生进行合适的卫生指导、心理疏导和正面鼓励。在明确教学目标后，我们组老师潜心钻研、积极讨论、克服困难，也利用了身边各种资源，力求尽善尽美。

我们一年级第一轮的活动是春夏秋冬四个季节的古诗欣赏和积累。我的课是学习秋天的古诗。我把三首古诗里都有的元素“枫叶”作为三首古诗的主线，进行串联，初步体会三首都是描写秋天的古诗。因诗人当时心情不同，带给我们的感受也不同。让学生回忆疫情刚开始时心情是怎样的？现在经过医护人员的努力、全国人民的配合，疫情有所好转，此刻心情又是怎样的？再抓住枫叶元素，让学生把自己的小手和枫叶的形状联系起来，鼓励学生按手型剪纸，画上自己的心情，给它起名叫“枫叶寄情”。我又结合古诗《赠刘景文》的诗意引出小昆的妈妈——赵医生以及各行各业所有逆行者，告诉学生他们就是品德高尚的人。你一定有话想对他们说吧。请你把话写在枫叶另一面，每个人的小枫叶都会随风飘到一线工作者的身边，和他们说一声：“谢谢您，您辛苦了，加油！”这叫“枫叶寄语”。“枫叶寄情”和“枫叶寄语”两个环节，不仅结合了疫情防控，还是一次立德树人的好契机；不仅让学生们对最美逆行者有表达情感的机会，还是小昆内心对妈妈情感的一种表达释放。我们年级的同学们还特别为小昆的妈妈写了祝福语和感谢的话语，很多同学发了照片。我制作成相册，发给了小昆和他妈妈。我希望这份感动能化作一股动力，使他们变得更坚强！

三、千纸鹤的愿望

小昆虽然年龄小，但不代表没有想法、没有心理负担。这时，他特别需要一个倾诉的出口，以缓解情绪。我知道武汉一线的医护人员工作强度非常大，没有时间查看手机信息，我想小昆和妈妈视频的时间一定非常有限，孩子心里肯定藏着许多话，没机会表达。时间久了可能对孩子的心灵造成一些影响，于是我让他把每天想对妈妈说的话写在一张纸上，叠成纸鹤，放在一个漂亮的大盒子里。很快盒子就满了，看来他的确有很多想对妈妈说的话。据爸爸说，小昆很喜欢这个方法，它可以很好地疏导孩子的情绪。等妈妈圆满完成任务回到家后，全家人可以一起拆纸鹤，读一读，不也是一次很好的亲子互动机会吗？

四、开展"我是家里开心果"主题活动

我记得一年级刚开学时，小昆妈妈和我聊起过，小昆一直很喜欢《米小圈上学记》。正好我家里也有这套书，于是我学着米小圈班里同学分享趣事的情节，组织一次全班讲趣闻的活动，在钉钉班级圈发布新话题："老师知道，很多同学的居家生活非常有趣，自己也是家里的开心果，有的同学在家学会了摊鸡蛋饼、有的做蛋糕，有的在自家阳台上种起了蔬菜……欢迎大家在班级圈里分享趣事，主题为：我是家里开心果儿"。不看不知道，趣事还真是一箩筐呢！这样的情节是小昆喜欢的、熟悉的，内容轻松愉快，可以转移、缓解他内心的焦虑，让他每天都开开心心的。小昆和我说："原来咱们班有这么多有趣的事啊！我真想讲给妈妈听！"

他还真的选了一些特别有趣的讲给了妈妈听，让疲惫不堪的妈妈在休息时笑一笑，也为一线医护工作者带去一些欢乐。

五、抓住教育契机，指导家长配合

自从小昆妈妈去了武汉之后，小昆一直和爸爸、奶奶生活在一起。

我想，这是我指导家长配合教育的最佳契机。首先，我安抚家长，不要担心孩子的学习问题，而是关心身心健康。还应当培养孩子良好的行为习惯、生活习惯和学习习惯，功课耽误可以补，习惯变坏就难改了。其次，我指导家长和孩子制定一个作息时间表，家长带头按时作息，坚持每天早起早睡，给孩子安排一些家务，和孩子一起锻炼。最后，指导家长和孩子共同制订学习活动计划，比如每天亲子阅读 30 分钟、每周写一篇周记，并一起制定奖罚制度，相互监督。这次疫情，使老师们也都退居幕后做起家长的军师了。

虽然做班主任有些年了，但在特殊情况的处理上，还需要多学习。我们每一位人民教师，要在抗“疫”的幕后齐心协力、各尽其责，当好学生和家长的贴心人和主心骨。

我和“小豆豆”的故事

▌北京市汇文第一小学　王晓明

“小豆豆”是《窗边的小豆豆》这本书的主人公，想必大家对她的事都很了解。“小豆豆”是一个十分让老师头疼的小女孩儿。由于行为“怪异”，被迫退学。后来，她进入了“巴学园”。在校长小林的呵护和引导下，成了一名大家都能接受的孩子。

无独有偶，我们班也有这样一位特别让人头疼的“小豆豆”。刚接班时，我一心想改变她，但一筹莫展。

《窗边的小豆豆》这本书给了我不少启发。小林校长说，对学生真挚、无私的爱，才是教育的灵魂。于是，在小林校长的感召下，我又回到了原点，开始重新审视、思考，也找到了一些转变“小豆豆”的方法。

首先，我通过查阅资料，知道了“小豆豆”是属于那种心智发育比较缓慢的孩子。她缺乏自控能力，注意力也存在着缺陷。

于是，我就引导她提高自控能力，让她尽快融入集体。课上，允许她看课外书、捏橡皮泥，只要她能专注做自己喜欢的事就行。课后，安排她擦黑板、扫地，让她也为班级出一份力。同时，我还鼓励班里其他孩子接纳她，让女生轮流陪伴她，给她讲题，下课带着她一块儿玩。

另外，沟通也是必不可少的。从接班以来，我也记不清到底跟她的家长沟通过多少回。嘱咐家长叮嘱好孩子，不要影响其他同学上课。

我也跟其他家长和任课老师们进行了多次沟通，希望大家多用同理心来包容这个“小豆豆”。

在大家的共同努力下，“小豆豆”在课上的情绪、行为基本稳定，她乐于参加学校组织的各项活动，除了学习成绩有待提高之外，她已经和普通学生的差距越来越小了。

我知道，在我们学校的很多班级中都有这样的“小豆豆”。

我更相信，我们每一位老师都能够做到像小林校长那样：用无私的爱给孩子们筑起他们心中的“巴学园”，为学生一生的成长奠定坚实的基础！

家校共育促成长

▌北京市汇文第一小学　李宏梅

如果说学校教育带给孩子的是更广阔的天空和阳光，那么社会教育更像大自然的风吹雨打，而家庭教育则是孩子生命赖以生存的土壤，所以家庭教育和学校教育、社会教育并称为教育的三大支柱。尤其是对于个性化学生的成长和教育，家长的信任是个性化学生进步的关键。

我们班的这个体形弱小的小男孩叫嘉嘉，他患有心脏瓣膜轻微闭合不全。他和妈妈及姥姥姥爷生活在一起，由姥姥姥爷一手带大。我了解到受妈妈的影响，很多食物嘉嘉都不吃，只吃土豆，中午不入伙，自带饼干，身体瘦弱。姥姥姥爷都是老知识分子，但近八十高龄，对孩子更多的是包办代替，所以嘉嘉的综合能力尤其是与他人交往的能力比较弱。当他以这个状态和别人相处时，别人照顾他还可以，但在正常的交往中，他不能保护自己。特别是遇到另一个个性要强的男孩辰辰，出现过被辰辰打哭、踢伤，被辰辰拿走东西等情况。每当这个时候，嘉嘉的姥姥一定是很激动地跟我反映这些情况。从老人的话语中，我能听出她的焦虑和手足无措。我是全方位地照管着嘉嘉，但一件事儿让这样的情况升级了。辰辰不知从哪儿捡了一块嚼过的口香糖，塞进了嘉嘉的耳朵里。接下来，我马不停蹄地询问详情、安抚情绪、联系家长、送去急诊……嘉嘉姥姥找到校长，要求学校让辰辰转学，并表示要在家长会上质问辰辰家长。后面嘉嘉的举止让我心疼，他开始到处闻，闻桌子，闻汽车，闻教室的墙。有时走过去了，还要转回来再闻，他说不这样做他难受。

在和校长沟通后，学校聘请了资深的心理咨询专家团队，进班对两个孩子进行观察，诊断评估。专家团队在和家长沟通时，详细地跟家长分析了嘉嘉的情感发育状况以及他产生这种表现的原因。专业团队的帮扶促使嘉嘉姥姥客观地了解了自己的孩子，专家从专业的角度给了家长具体建议，即家庭教养方式不再包办代替。专家建议试着和嘉嘉建立小朋友式的交流方式，引导他用红黄蓝三个主色调表达情绪和情感。从此家长的关注角度改变了。其实，专家的帮助对孩子来说是间接的，家庭教育的转变才是直接的，家长的态度转变了，有了更多的鼓励、更多的耐心、更多的能力训练，孩子的笑容多了，孩子也更有自信了。同时，嘉嘉在心理机构坚持情感发育的训练。现在的嘉嘉像变了一个人，他升旗仪式时认真严肃，他读课文时喜悦兴奋，他放学时发自内心地和老师大声告别……姥姥由衷地笑着告诉我，孩子现在特别爱上学了。

通过嘉嘉的成长我们看到，正因为家长的转变，才带来了孩子的改变；家长的转变是孩子转变的前提，家长的信任是个性化学生进步的关键。

共情　接纳　促成长

▌北京市汇文第一小学　魏　瑄

小 A 同学从一年级入学以来，总是各种状况层出不穷。我多次和孩子姥姥沟通，姥姥总是以一句“孩子还小，不懂事，我们回家再教育教育，长大就好了”结束谈话。随着时间的推移，别的孩子都逐渐适应了小学生活，而小 A 同学反而出现了不爱写作业、不能安静地坐在课堂上听讲等种种异常行为。我觉得不能再和孩子姥姥沟通了，孩子的父母再忙，我也要把他们约来聊一聊。和小 A 的妈妈见面后，我把孩子的异常行为跟她进行了沟通。在随后的一段时间里，我们保持着较为密切的沟通。小 A 的妈妈也发现孩子很多地方确实和一般孩子不一样。最终，家长带小 A 到医院进行了检查，被确诊为多动症、抽动症和轻度抑郁症。

对班里的特殊孩子，我觉得首先要做到和家长共情。每个孩子都是一个家庭的全部，孩子一旦出现问题，也许整个家庭就处于一种崩溃的状态。记得小 A 刚确诊病情的时候，他的妈妈双目含泪地对我说：“魏老师，您能像对待病人那样对待小 A 吗？”这简单的一句话，却饱含了一位母亲心中的担忧与无奈。哪个妈妈不希望自己的孩子健健康康的呢！那段时间，我经常给小 A 妈妈心理上的安慰，并不断地告诉她，我不会放弃小 A，我要和老师们一起尽最大的努力帮助小 A。这种真诚赢得了小 A 家长的信任，他妈妈总说：“孩子能上汇文一小，遇到这么多好老师，真是他的福分。”老师和家长做到了共情，家长自然能够感受到老师的真诚，那么很多工作就很好开展了。

除了老师和特殊孩子家长共情外，班级中每位家长都能共情也很重要。在二年级开家长会之前，我和小 A 的妈妈做了沟通，希望她或孩子爸爸能跟全班同学的家长解释一下小 A 在这段时期的状况，小 A 的爸爸妈妈很认同我的建议。当天的家长会上，小 A 的爸爸开诚布公地和其他家长说明了自己孩子的情况，并且对班里孩子们对小 A 的包容表示真诚的感谢，也为小 A 同学一些控制不住的行为给同学们带来的困扰表示诚恳的歉意。就这样，老师和家长有了共情，家长和家长之间有了共情，虽然小 A 二年级以来各种状况不断，却没有一个家长找过我，这让我们班显得格外和谐。

老师能够和家长共情了，才能真正接纳孩子。自从我了解到小 A 的病情后，我首先调整了自己的状态。面对他地上爬、到处跑、不停地发出“啊——啊——”的声音、乱发脾气甚至骂人的行为，我能做的就是拿出自己最大的耐心，一遍一遍地给他讲道理，一次一次地安抚他。一旦老师接纳了特殊的孩子，那么班里其他孩子也就能接纳他了。在班里，我很坦诚地告诉其他孩子们，小 A 同学目前就是不能控制自己，我们对他最大的帮助就是不去指责他的一些不受控的行为，更不能去嘲笑他，课上无论他做什么，我们不去关注他也许就是对他最大的帮助。孩子们的善良与宽容一直感动着我，小 A 同学在这个集体里从来不缺少伙伴，在同学们心里，小 A 是这个集体中不可缺少的一员。

我虽然在大学时学的是特殊教育，也接触过各种各样的特殊孩子，但是对于小 A 这种情况的孩子还是第一次接触。面对这样的孩子，总得找到一些方法来帮助他，这其实也是在帮助我自己。在和小 A 妈妈交流的过程中，我了解到她阅读了许多关于多动症、抽动症和育儿的书，于是我也把这些书买来看，比如《爱是最好的良方》《正面管教》

《游戏力》等，从中学到了不少小妙招。

每一个特殊孩子的内心都是极其敏感的，他们也许不善表达，但是有一颗感恩的心。冬天，小A同学看我嘴唇干裂，第二天默默地把一支新唇膏放到我桌上；暑假，到小A家家访，他把我拉到他的房间，给了我一个大大的拥抱；中午，我正吃饭，小A突然端着饭碗跑到我办公室对我说："魏老师，我就是想看看您。"小A和他的家人都称我为"魏妈妈"，这是对我何等的信任与认可。面对特殊孩子，累是肯定的，但是这一幕幕、一声声，只会让我更加努力。

班级环境育“全人”

北京市汇文第一小学　王晓明

一、背景分析

2017 年，我接了三年级（3）班。据教过这个班的老师反映，这个班很不好带，班上不但有个特殊的学生——小 Y，男孩子们也特别淘气，家长们意见很大。暑假，我进行了全班家访，了解到小 Y 是一个在智力上和行为上都存在问题的孩子，所以她控制不住自己，总在课上捣乱。班上的其他孩子，也跟着小 Y 一起闹。

二、我的困惑

说实话，从教 20 年，我从没接触过像小 Y 这样的孩子。刚接班的时候，我将工作的重心放在了小 Y 身上，想通过改善小 Y 改变班级的现状。那段时间，我每天都跟小 Y 的家长沟通她在校的情况，比如学习、纪律、个人卫生等，告诉家长，孩子表现不尽如人意，希望家长配合。家长的态度是既抱歉又无奈。尽管我在小 Y 身上下了不少功夫，但不见她有什么变化。那段时间，我顾不上管班里的其他学生，忽视了大多数孩子的成长。

作为班主任，我知道自己最主要的任务是管理好班级，带领集体进步。但那段时间我很迷茫，因为找不到好的方法改变现状。于是，我开始阅读一些班级管理和教育心理学方面的书籍。有一次，在聆听校长的述职报告时，我看到了“幸福成长树”：学校是想通过课程的构建，来促进学生的全面发展。我们班也有一棵“成长树”，这棵树的树叶上贴着我们班30个孩子的照片，寓意是每个人都在成长；树干上写着班级目标：知书、达礼、谦逊、友爱，分别对应的是四种能力，即有知识、懂道理、能慎独、会合作。我想，能不能通过营造积极向上的班级环境来改善现状，促进学生的成长呢？

三、精心布置教室，让学生感到舒适、温馨

通过学习，我知道了班级环境既包括外部环境，也包括教育的软环境，即班级氛围。外部环境最能直观地体现出一个班级的风格特点，给学生带来归属感。马斯洛的动机理论也说明，只有对班级产生强烈的归属感时，班级成员才会热爱集体。所以，每个学期我会带领学生精心布置教室，力求为他们创造更多的展示空间，让他们感受到教室的温馨和舒适。专栏的命名我们会认真定夺，板报我们会精心设计，陈设的物品我们会仔细挑选。“学习园地”里展示的是学生们的习作；“才艺展示”里有学生们的绘画作品和手抄报；“荣誉墙”上贴着我们在各类比赛中获得的奖状；“Reading Wall”专栏是学生们推荐给其他人阅读的好书；“七星”专栏张贴着“七星好少年”的事迹，其实是个光荣榜。还有放满了各类好书的“图书角”、让人心旷神怡的垂蔓绿植、学生旅游带回来的标本化石等。

在赏心悦目的教室里学习和生活，我发现学生们变得平和了很多，课间大喊大叫，追、跑、打、闹的现象明显减少了。

四、开展有意义的活动，让班级充满正能量

为了营造良好的班级氛围，实现知书、达礼、谦逊、友爱的班级目标，让孩子们对集体有认同感，我们在班里开展了许多有意义的活动。

知书——有知识

1. 班级读书活动

这面“Reading Wall”上贴着的是学生们推荐给其他人阅读的好

书。这个专栏旨在鼓励学生多读书、读好书。

另外，教三年级的时候，我参加了吴琳老师的市级课题“‘全民阅读’背景下的小学生分级阅读教学实践研究”。于是在班里我们也先后开展了共读一本书和分享一本书的阅读活动。我们共读的书是《爱德华的奇妙之旅》，分享的书是《窗边的小豆豆》。读书，将学生过剩的精力转移到有意义的事情上。小 Y 见大家课下都捧着书看，她也学着其他同学的样子看起了漫画。这是阅读给班集体带来的变化。

2. 诗词赏析活动

唐诗、宋词、元曲是我国文学史上三颗璀璨的明珠。作为语文老师，我把培养学生口头表达能力和品读古典诗词相结合，在班内开展了古典诗词赏析活动。我想，要是让我把学生从三年级带到六年级，那该如何把品析古典诗词的活动坚持开展下去呢？我想到了“天地人和”。天地人和，道之所在。于是我就设计让学生从带“天”字的唐诗开始展示，每天按学号轮值，并且不与之前赏析过的诗作重复。带“天、地、人、和”的唐诗欣赏完，接着赏析带“天、地、人、和”的宋词，之后是元曲。这个古诗词赏析活动在班里已经开展了两年多，我们已经赏析到带“人”字的宋词。学生共赏析了 200 余首古诗词，不但感受到了古诗词的魅力，而且当众发言的本领有了很大提升。

每到小 Y 轮值的时候，我会和她家长提前沟通。前两次，她家长给她做了准备，想让她试一试。由于小 Y 自身的原因，展示没有进行下去，但班里没有人嘲笑她。当其他同学展示时，小 Y 也能安静地倾听。

3.“家长讲坛”活动

从接班开始，我也把家长资源引入课堂中，以“家长讲坛”的形式促进“家校育人”的协同发展。具体做法是：邀请家长主动参与到班级授课中来，家长们将自己所熟悉的专业领域知识深入浅出地讲授给孩子们。这样做，一是给家长提供了一个教育展示的平台；二是让学生们能更广泛地了解社会，学习到更多元的知识。我们已请来18位家长，开展讲座23期。授课内容涉及医学、军事、法律、经济、天文、历史、地理、图书出版、理财、计算机编程等多个领域。班级提供平台，家长认真授课，学生们学到了更多的知识。

达礼——懂道理

1.“班级公约”共制定、共遵守

每年我们都会根据班级实际情况共同制定班级公约。班级公约一旦制定，对每一名成员都将起到约束作用。学生在制定公约、执行公约的过程中，变得明是非、懂道理了。

2.“悄声就餐　净盘惜粮”

吃中午饭这件事，我觉得也有很多教育契机。比如：爱惜粮食、遵守秩序、文明就餐等。于是我就以中午就餐为抓手，给学生立规矩：打饭时，排队去打；排队时，保持安静；盛饭时，吃多少盛多少，不够再添；吃饭时，安静就餐；吃完收拾干净。立了规矩，学生就有了规则意识，对人、事、物产生了敬畏之心和宽容之心。

谦逊——能慎独

慎独，是儒家较高的道德境界，指的是自己一个人的时候，能把握住自己，不断自检、反思、提高。我想，一个谦逊的人是可以做到“慎独”的。那谦逊是什么呢？我觉得应该是知己知彼、虚心学习、扬长补短、完善自我。所以，我们班有一个促进学生全面成长的评比活动——“七星好少年”评比。

七星分别是学习星、艺术星、体育星、文明星、劳动星、助人星和科技星。每学期学生会根据自己的实际情况进行单项申报述职，之后全班投票选举，得票前 20% 的学生当选。攒够七星的学生，就是班级的“七星好少年”，可获得由全班同学每人出资 1 元的“七星奖金”。“七星好少年”评比在一个学年段内持续开展，升入更高学段后重新评比。这项评比，促进了学生自身的全面发展，学生们积极参与，争相攒“星”，认知水平也有了很大提升。

友爱——会合作

孩子们生活在集体当中，只有相互包容、团结协作，才能形成良好的合作关系，能够良性互动。想要对他人有爱心，就要发现他人身上的可爱之处。怎样才能促进学生之间彼此了解呢？我们班从三年级开始，把每个学生一个学年的习作结集成册，印刷出版，取名为《墨迹》，人手一本。目前，已经出版了《墨迹 1》和《墨迹 2》。这两本小书里记录着孩子们同窗六年的珍贵情谊，也是孩子们之间相互包容、团结友爱的见证。

五、学生们的进步

我们都知道，班级不仅是学生学习的场所，也是师生、生生之间情感交流的地方。通过营造积极向上的班级环境，我明显感受到了孩子们的成长和进步。小 Y 虽然在学习方面还是不尽如人意，但她现在每天的情绪是稳定的，每节课都能做自己喜欢和力所能及的事；其他孩子对小 Y 也不再指责和嘲笑了，大家包容了她、接纳了她，与她和平共处。

这棵“知书——有知识、达礼——懂道理、谦逊——能慎独、友爱——会合作”的成长树，一直在引领着孩子们成长和进步。

教师的改变带来学生的改变

▌北京市汇文第一小学　张昕宇

不少老师都觉得孩子越来越不好教，特需的孩子越来越多。2019年，我新接一年级，报到时间不长，就发现有的孩子与众不同。

一、班里的“他”

有个孩子，总是随便说话。例如，老师让大家做自我介绍，在别人做自我介绍时他说个没完，结果轮到他了，一句话也说不出来。正上着课，突然发现这个孩子不见了，低头一看，他在地下趴着或跪着；有时他在教室后面走来走去；他的课桌经常乱糟糟。

还有一个孩子，永远把自己放在第一位，他想说的、做的，必须马上说、马上做，绝不能等一秒，不然就会说“我讨厌你，我不喜欢你”；经常还会朝老师、同学吐唾沫，抓、挠、咬、推、打老师。在我们班上完课后，老师们经常带着伤离开。

面对这些孩子，我真的挺着急的。怎么改变这些孩子，对我来说就是挑战。

二、专家提供帮助

正当我很焦虑的时候，学校搭建的个性化辅导中心给我提供了帮助。刚开学，专家团队就给班主任老师集中培训；然后走进课堂，入班观察后进行一对一反馈；进行“房树人绘画”，整体筛查并和班主任一对一反馈；特教研员老师针对孩子个别指导；个性化辅导中心带领老师们建立学生手账并帮助分析。有了专家团队的支持，我心里有了底，在帮助特需生时更有的放矢了。

三、知识转变观念

专家告诉我们，孩子从出生到初高中阶段要吃“五张饼”：信任饼、自主饼、主动饼、勤奋饼、自知饼，少吃一种饼都是缺失。比如3 ~ 6岁的孩子应该吃好了“自主饼”，没吃这块“饼”的孩子会干什么都慢，爱拖沓。怎么补上这张“饼”呢？专家告诉我们不少方法，其中一个方法就是允许孩子挑食。刚听到这话时，我以为自己听错了，上班这么多年，一直对学生说，不要挑食，营养要均衡。现在知道挑食可以让没有吃好“自主饼”的孩子学习自主。知识转变了我的观念。

我们一年级组的新班主任特别多。通过培训，老师们在思想认识上、行为方法上、关注角度上、应急处理上都有了改变和提高。安莹老师和郑月老师觉得，通过跟心理老师的学习，更能理解这些孩子了，这些孩子是很痛苦的，很多时候他们不是故意捣乱的，他们的一些行为是无法自控的。

四、运用带来收获

我把我们班那个爱吐唾沫、爱打人的孩子的情况告诉了专家，专家告诉我要怎么做才会避免这种情况的发生。我回去后试了试，还挺管用的。经过一段时间的磨合，我也越来越了解这个孩子。现在这个孩子基本上不朝别人吐唾沫了，也不打老师了。孩子的变化特别大，让我有了获得感和成就感。

心理培训给了班主任老师很多的助力，让老师们更加有信心和动力管理好班级。

五、共同体是后盾

一年级的所有任课教师是一个共同体，我们定期沟通班级情况，交流学生表现。团队教师对学生提出统一要求，使学生知道不论在什么课上，该有的规矩是一样的。

在学校领导的带领下，我们一年级的班主任经常在一起讨论学习，分析学生的情况。我们手里都有一个手账本，专门记录这些特需学生的情况，既记录问题也记录进步，留得第一手资料，以便与心理老师及时沟通。

我们由原来的本领恐慌向自主学习、团队讨论合作的方向发展。学校组织的培训专门针对一线教师教学中的“疑难杂症”，从心理学的视角、以心理健康为切入点，为我们班主任提供了解决问题的新思路，缓解了我们班主任的教育压力，改变了我们的观念。

当家长和老师看法不一致时

▌北京市汇文第一小学　梁新燕

作为老师，会经常与家长交流孩子的情况，多数情况家长是理解的，交流顺畅愉快；但偶尔也会遇上意见相左的情况。有的家长会说："我们孩子在家可不是这样，可听话了。"也有家长会直接打断老师的话："老师，我的看法和你可不一样。"这无疑使沟通变得异常困难。

当家长和老师看法不一致时，该怎么办呢？

首先，家长们要了解，老师从繁忙的工作中抽出时间来反映孩子的情况，是对孩子负责任的行为，是高尚师德的表现。"爱之深，责之切"。老师对孩子的批评教育出自期盼他健康成长的爱生之情。因此，家长切不可当着孩子的面抱怨，指责老师，这不但会让孩子忽略自己的缺点和错误，还会降低老师在孩子心目中的威信，会让以后的学校教育更加困难重重，甚至导致孩子无法融入集体生活。

其次，请家长们全面地认识孩子。学校和家庭是截然不同的环境。孩子的一些行为，在家人眼中可能是淘气调皮，因此很容易就被原谅了，可是这些任性的做法带入集体生活中，就会被同伴反感、指责。当老师指出孩子的错误时，家长不要袒护，要引导孩子正视错误，勇敢地承担责任，用阳光的心态去面对。要知道，没有一个人的成长是一帆风顺的，孩子的每一次挫折都是长大的步伐。

最后，家长和老师沟通时，要理性地、详细地介绍孩子的各种表现。老师和家长交流，是希望在家庭教育方面取得家长的支持，获得更丰富的资料，因为只有家校合作，才能让孩子尽快弥补弱势、发挥长处。

家校共同携手，才能让孩子的成长之路更加顺畅。

从学生需求出发　为老师发展助力

▌北京市汇文第一小学　钱　程

一、调研一线抓关键　战略定位破难点

2019年，汇文第一小学（以下简称汇文一小）在“不忘初心、牢记使命”主题教育活动的引领下，深入开展调查研究，特别是要将学习到的精神实实在在地落到教育教学第一线。在学校里，对孩子人格影响最大的就是老师，其中的关键就是班主任，一个好的班主任能让学生终身受益。班主任队伍稳定了，班主任的价值感、成就感、幸福感提高了，这种感受就会传递给学生。调研发现，老师们关注的焦点直指特需生帮扶、家校沟通。老师们具有的是教育和学科专业，但是随着社会的发展、学生整体智力和心智水平的提升和家长整体文化素质和水平的提高，家长对教育提出了更高的要求。社会的快速发展也对教育带来了影响，孩子们呈现出更加多元的发育情况，涉及心理、脑神经、心智水平、价值认知、原生家庭等多个领域。当这些孩子、家长彰显独特个性和独到见解时，老师的焦虑情绪和本领恐慌也大大提升，幸福感随之降低。

汇文一小成立学生个性化辅导中心（以下简称中心），与学生学习中心、学生实践中心、学校服务中心并行发展，相对独立，相互融通。中心由一线班主任、专职心理老师、卫生老师组成，校长担任中心负责人，重点规划中心发展。

二、整体规划稳推进　专家支持团队建

2019 年 6 月，汇文一小召开了“教师支持保障指导服务”小组筹建大会，进一步维护校园安全稳定，及时化解和消除存在的不稳定因素，推进平安校园和幸福校园的建设；同时引入更加全面、专业的团队为教师出谋划策，提高教师的沟通技巧和解决问题的能力。“教师支持保障指导服务”小组的功能定位是：分析评估、问题协调、案例培训、课程建设。第一批专家团队聘请了督学戈海宁主任，教育学院伍芳辉教授，特教中心周晔校长、宋雯主任，史家教育集团王欢校长，可来屋教育咨询公司李娟老师。随着中心的发展，还将继续聘请不同领域的专家加入，为学校的发展出谋划策。最终专家团队将涉及教育、科研、课程、法律、医学、心理咨询、行为矫正、家庭教育、特教融合等多个领域。

本学期中心重点完成了以下几项工作。

1. 中心规划完善制度

中心完成了《个性化辅导中心实施方案》《心理咨询室制度》《心理危机干预制度》《班、级、校三级心育联动机制》《班级特殊情况处理实施方案》《学生心理评估等级预判制度》（拟定中）等各项制度的整理和修订。在结合个案分析的基础上，修订完成了《汇文一小学生个案登记套表》，从自我认知、学科学习、情感情绪、身体统合、家庭教育等不同维度记录学生情况。

2. 教师培训了解孩子成长规律

开学初结合一年级学生身心发展规律，可来屋教育咨询公司李娟老师进行了三个半天的专题培训，包括一年级学生年龄特点、入校后如何适应环境、学生情绪内在与外显形式等内容。

心理老师入班观察了解学生日常情况，并与班主任进行集中反馈。这样的培训更具有针对性，老师能够对照学生日常情况调整教育方式，

与心理老师就学生表现进行沟通，分析背后产生的原因并制定帮扶策略。

年级共同体交流学生情况，形成教育共识。年级中成立了年级共同体，成员涵盖了年级中所有任课老师。在年级行政和年级组长的牵头下，每月定期进行班级情况和学生教育研讨，形成教育共识。班级管理由班主任管理逐渐转化成团队管理。原来的副班主任改称为第二班主任。称呼的改变意味着责任的改变。（第一、第二班主任共同管理模式正在研究中。）

3. 引入课题促进专业成长

引入了北京教育学院金颖博士的“ADHD学生行为帮扶与转化的策略研究”。在金博士的带领下，每月进行一次全体班主任的集中培训与互动研讨。在低、中、高学段选取了5个实验班进行重点研究；共录40余节常态课，完成了200余份师生关系、亲子关系的调研问卷。下一阶段将进入帮扶转化实操阶段，每周定期入班跟踪学生情况，进行现场式行为指导和干预。

4. 个案辅导帮扶转化

中心成立后，在师资缺乏的情况下，学校与东城区残联合作，外聘专职心理老师进行个案工作。同时得到了东城特教研中心的支持，每月特教研员寿老师到校指导工作。班主任老师对学生进行日常个案现象记录，提交到中心。中心组织专业人员进行集中分析，并制定有针对性的个案帮扶措施。如借助区心理云平台对学生进行量表测评、个案访谈、游戏互动帮扶、沙盘个案活动等。目前已经对一年级6名同学制定了帮扶计划并实施，就家庭亲子教育等方面与3对家庭进行了面对面沟通。

5. 整体测查，逐级推进

对全体一年级、二年级2个班，六年级4个班320余名学生进行了整体性“房树人测查”，通过分析又对近50名学生进行了面对面复测。从学生的心理情况、自我认知、感统、亲子关系、暴力倾向、焦虑抑郁、脑发育等方面进行了分析，并与班主任做了一对一反馈。下一阶段将会继续跟进学生身心发展，分类别进行团体辅导和个别辅导。在二年级和六年级尝试进行了冥想行为训练。下一阶段将引入“曼陀罗绘画”帮助学生调控情绪，缓解压力。

三、改变促师生成长

工作推进的最终落脚点在学生。团队教师在不同方面进行了研究，从“四个改变”与大家进行交流：张昕宇老师分享的是教师的改变；李宏梅老师分享的是家长个体的改变，魏瑄老师分享的是家长群体的改变；高君老师分享的是学生个体的改变，巩凯莅老师分享的是个训的专业改变；王晓明老师分享的是班级环境的改变。

看到学生的问题，不回避，用积极的态度面对，用专业的方法帮扶。虽然孩子的改变不是一朝一夕，但在老师们的努力和支持下，定会有所收获。

四、助力减负有落点　反思提高点线面

国家多次发文，强调给教师减负。在中心工作，我们认为给老师“减负”就是给予其专业的支持和自身能力的提高，让其在遇到困难时、遇到棘手的家校矛盾时能够找到依靠和支持。中心和教师支持保障指导服务小组就是这样的组织。日常教育工作中，只要班主任找到中心，中心即刻会派出老师进行支持。当学生发脾气无法控制情绪时，有心理老师安抚；当学生躺在地上、扎在墙角，班主任无法劝解时，心理老师把孩子带到心理教室进行疏导；当家校发生矛盾无法调和时，中心及时出面化解棘手的矛盾。当多动症、强迫症学生不进教室时，中心将看护孩子并进行沙盘帮助……这些都让老师们感到了些许的安慰，不再那么焦虑。有针对性的培训和一对一反馈，不仅给予老师们专业方面的指导，也是间接给老师们进行心理疏导。

一支笔引发的“争端”

▍史家教育集团史家胡同小学　陈玉梅

2020年接新班，我发现新班级情况与以往班级大不相同。这让我这位有着三十年班主任龄的“老班”面临许许多多新问题，有时还真是有些不知所措。

前不久的一天晚上，我突然接到一位爸爸的电话，他怒气冲冲地质问我：孩子在学校经常受到同学的欺负，您管不管？面对家长的出言不逊，我先是安慰他别着急，有话慢慢说。但家长依然不依不饶，反复强调别人家孩子抢了自己家孩子的笔，“不是一次两次了，以后我不让我家孩子跟他玩”。

这位家长就是我班小景同学的爸爸。

小景比较缠人，天天围着老师转。自理能力很弱，书本、书包、铅笔盒等学习用具满桌子满地都是，手把手地教他，起色不大。每天放学收拾书包，就像打仗。上课听讲还算认真，喜欢说话，爱回答问题，但他的想法总是天马行空。例如，讲《爬天都峰》一课，同学们说，“我”和老爷爷爬天都峰非常艰险。小景听了，小手举得高高的，一本正经地说：“老师，爬天都峰不算危险，爬珠穆朗玛峰才危险呢！”惹得同学们哈哈大笑说：“这都是哪儿挨哪儿啊！”还有一次数学课上，为了吸引学生注意力，老师说：“关于这道题，我告诉大家一个秘密……”话音未落，小景同学飞速起身，跑到门口，四处张望，之后把门关得严严的，说：“老师，您现在可以讲了。”他的这一举动，让全班师生不知所措。这时，小景接着说："您不是说是秘密吗？我怕有人听见。"可想而知教室里沸腾的样子……

当然，小景同学也有很多可爱之处，他很善良，很热爱集体，班上值日，他总是抢脏活累活干，别人一周一次值日，他非得两次……

我接班以来，对于小景同学的心智不成熟与他妈妈进行过多次沟通。他妈妈善良温和，说话轻声细语。看到孩子与同学交往不畅，她曾带孩子看过医生。医生说，孩子的心智只有五岁半。我非常理解妈妈的无奈。与小景爸爸的沟通，更加深了我对小景同学的了解……

有一天，小景同学一进班，就一手叉着腰，一手指着全班同学大喊："我爸说了，不让我跟你们玩！"我制止他，他更加气势汹汹地说："我爸说的！不让我跟他们玩！"我赶快说："同学间要团结，大家都要和睦相处！"他不听，继续着爸爸的言论。显然，是有爸爸给撑腰！我不得不严肃地制止他："在学校听老师的！你赶快坐下早读！"这时，昨天与他发生冲突的小齐走进教室，小景同学又开始气势汹汹地大喊："你还我笔！你还我笔！"小齐不还，两人就隔着桌子动起手来。

调解过程中，了解到小齐确实拿了小景的笔。但是，周围同学没有一个人认为小齐不对，反而都认为是小景同学处理问题不当在先，才导致两人之间的争执，而且这种情况已经持续一段时间了。

了解到同学们的看法，我将解决问题的重心放在了小景身上。于是，我把他悄悄叫出教室，再次询问情况。这时，他才极不情愿地承认这次的冲突是自己有错在先，但依然理直气壮地说小齐的不是、自己的委屈，而且不断地重复着爸爸的话。事后我还听说，在上学路上，小景看到了小齐妈妈，还把爸爸说的话告诉了小齐妈妈，让小齐妈妈格外尴尬。

解铃还须系铃人。小景与同学之间关系紧张，很大程度上与爸爸的家庭教育有关。让孩子先回教室上课后，我及时拨通了小景爸爸的电话，希望通过沟通化解同学间、家校间的矛盾。

一、了解孩子的心理特点

在详细告知了整个事件经过后，我引导小景爸爸要深入了解自己孩子的心理特点。

小学中年级阶段（9~10 岁）学生，大多是独生子，全家人围着自己转，是名副其实的掌上明珠。自己的愿望不用说话，只是一个眼神儿，家长就心领神会。而在学校，大家都想说了算是不可能的，满足自己需求的愿望迫切，忽视同伴情感，再加上孩子们表达能力弱，沟通不畅，容易发生争执甚至动手。小景同学虽然已经 10 岁，但是他的心智年龄更小一些，其他学生不懂谦让，矛盾频发也是必然的了。

从心理学的角度看，每一个个体都有自我保护的意识，这是一种本能。当同学间发生矛盾，孩子跟家长告状时，一定是避重就轻的，把责任直接推给他人，自己永远是一个受害者，委屈至极。小景爸爸边听我的分析，边表示认同，说："陈老师，您说得真对！我反复问小景，他都没说实情，只说了自己占理的地方，我就以为孩子受了大委屈，所以给您打了电话，还真是不好意思！"爸爸诚恳的态度，与之前截然不同，让我觉得沟通简直就是一把解决问题的"万能钥匙"。

二、理解家长的过度保护

对于家长来说，孩子就是他们的掌上明珠。当得知孩子受委屈，相信每一位家长都会在第一时间感到愤愤不平，相信自己孩子说的话就是客观事实。为什么呢？因为家长保护自己的孩子同样是一种本能，是自我保护，保护自己孩子不受伤害，为他们遮风挡雨。所以，我非常理解小景同学家长的心理。尤其是明明知道自己孩子在交往方面处于弱势，心智不成熟，在班上没有朋友的时候，家长的内心是多么的心疼与无奈。因此，家长才会采取相对极端的处理办法，不让小景与经常出现矛盾的同学接触，甚至不让小景与他说话。也正是因为小景心智不成熟，就把爸爸心疼他、无奈之下说的话，当成了令箭、保护伞！“我爸说的，不让我跟你玩”永远挂在嘴边，导致了小景与同学间的交往更加被动。

三、引导家长正确处理孩子之间的矛盾

第一，冷静客观地看待孩子的“委屈”。避重就轻地指责他人，是孩子的本能。相信每一位家长冷静下来之后多追问几个“为什么”，多问几个“你是怎么做的”，就会破解孩子们的小伎俩。

第二，明白“学校是孩子学习社交的场所，同学是孩子的社交对象。学校是孩子犯错成本最低的地方”，就能想方设法地锻炼孩子学习交往的本领，就能公平公正地解决孩子之间的矛盾，不护短、不逃避。

第三，“班上的每一个孩子，都是我们的孩子”这一观念的认同很重要。在集体中，我们因孩子而结缘，让40位父母成为一家人。因此，我们如果将班上的每一个孩子都当成我们自己的孩子，那么我们解决问题时，就当成解决自己家“老大”与“老二”之间的矛盾，我想什么问题就都好解决了。

第四，教会孩子化“敌”为友。针对小景同学的问题，我继续开导家长说，如果小景和这个同学相处不好，就不理这个同学，和另一个同学相处不好，就不理那个同学，长此以往那孩子身边就真的一个朋友都没有了。

作为家长，尤其是父亲，在社交生活中应该有意识地引导孩子跟各种不同性格的同学交往，教孩子一些行之有效的方法，帮助他分析遇到问题的各类处理办法。当孩子说起学校里发生的事情时，家长首先要认真听孩子表达，然后对其中可以学习、可以改进的部分，通过打比方举例子，解释给孩子听。从解决与小齐同学的分歧开始，尝试着教会孩子用智慧与同学交往。

小景爸爸认识到自己教育上存在的问题，表示一定全力配合学校，

有意识地帮助孩子更快地融入集体，争取和大家交朋友。

特别感动的是，小景爸爸不仅和孩子进行了沟通，还诚恳地向小景同学道了歉，说不应该采取极端的措施，影响小景与同学的正常交往，让小景在集体中没有朋友；而且还说，“陈老师说得对，听陈老师的。爸爸说得不对，也要挨批评”。

父母是孩子的第一任老师，确实是这样。之后孩子主动找到我，承认错误，说不应该大吼大叫，不听老师的劝告，更不应该招惹同学，影响同学间团结。小齐听到小景的歉意之后，也立刻承认自己的错误，不应该拿小景同学的笔……

期末考试刚刚结束，我就收到了小景妈妈的微信：“陈老师，这几天孩子一直和我说与小齐同学的事，他说其实觉得两个人也是可以和平相处的，我很高兴。前两天孩子还说他如何和小齐一起上自习，做考试前最后的冲刺。他说小齐帮了他很多。感受到儿子的感激之情，我就鼓励他，如果你也这样帮助更多的同学，大家都会喜欢你的。

“其实孩子的世界很单纯，没有那么多的矛盾，儿子就是希望有更多的同学喜欢他。他说每天总吵架也没意思，他也希望每年都能评上三好生。孩子最近改变还是很大的，不论是晚上回来写作业，还是在学校的日常学习，包括回家以后的生活习惯都表现很好，我深知这是跟您沟通后的成果。

“教育不仅仅是一张嘴、一支笔那么简单，而是以全方位、立体式的全新教育模式去适应当前教育的需要。其中，学校和家长的联系是必不可少的，这是对孩子教育非常重要的组成部分，它可以更真实、更全面地了解孩子全天的行为和思想动向。谁重视了家校联系工作，谁就掌握了教育的主动性。

“现在我们家孩子表现很好，离不开您的悉心教导，日后我们会注重家校配合，多与您沟通，我相信孩子会更快更茁壮地成长。”

爱让他不再“呕吐”

▍史家教育集团史家胡同小学　吴丽梅

一、背景描述

第一次知道小李的时候，我还是学校的心理老师，听他的班主任介绍他的情况：男孩，三年级，内向，爸爸妈妈工作很忙，疏于陪伴。他最大的问题是习惯性呕吐，几乎每天吐十几二十次，没有触发事件，随时随地吐。如果不让他回家，他就吐得更厉害。家人带去医院检查过，没有器质性病变。老师的做法是只要一吐，就让他马上回家。当时我也没有什么好的建议，只能推测他是有某些压力或者情绪导致的神经性呕吐。

没想到，一个月后，我当了他的班主任。我观察到，小李很安静，喜欢看书，吃饭、跑步的时候呕吐比较严重；其他有压力的情况，比如上台表演等也会有反应，然后就是毫无规律的、随时可能的呕吐。最多的，他一天吐了 8 次。但是回到家，所有症状就消失了。

二、分析、解决问题的过程

1. 辅导班级同学，建立轻松宽容的班级环境

神经性呕吐多和焦虑、抑郁或者紧张相关。每当小李呕吐的时候，班里同学都会一脸嫌弃，大呼小喝，在人前、背后对他诸多议论。这给小李造成很大的压力，令他焦虑。其实，同学们的反应是最正常不过的，他们是善良的，只是需要正确的引导。于是，我在他们前来报告时，淡淡地对他们说：“好的，我知道了。”在他们抱怨时，对他们说：“你们知

道吗？谁都会有不舒服的时候，如果你们不舒服，吐了，你希望周围的人怎样呢？我觉得你们很棒，今天好几个同学和我汇报，可能是想帮助他，那么我告诉你们，对他最大的帮助就是这个时候别看他、别说话，如果你离他近，可以轻轻抚摸他的背部，这会让他觉得好受点。”这样的引导对三年级孩子来说，是非常重要的。后来的事实证明，当班级压力变小时，小李感觉好多了。

2. 共情表达，缓解学生焦虑情绪，树立正确认知

一有时间，我就拉着小李聊天。他告诉我，他在学校就会吐，从一年级就开始了，在家没事，也不知道自己为什么就吐了，自己也很苦恼。看得出，他十分在意自己的身体。再加上他一吐就可以回家，他也觉得自己的“病情”很严重，这样不断地进行自我暗示，越在意就越紧张，躯体就做出相应反应。所以，我首先要帮助他淡化自己的“问题”，尝试从共情入手，理解他的处境，调整他的认知，让他觉得呕吐没什么大不了的，以缓解他的焦虑。每次他吐了之后，我反复对他安慰：“没事没事，很正常，谁都有不舒服的时候。”“我也这样呢，这个正常，吐了就舒服了。”“我小时候吧，有一次也吐了”……另外，我逐渐减少批准他请假回家的要求。第一次请假，他回家了。第二次，在他吐到第三次时，批准回家。第三次，没回家。第四次，吐了两次，没回家。第二个礼拜，他平均每两天吐一次，但是都没有回家。逐渐地，他谈论别的事情多了，谈论自己的身体少了。

3. 提高生活技巧，提供表现机会，树立孩子自信心

小李的自理能力较差，表现之一就是自己不会清理“呕吐物”，这也让别人厌烦他。于是我手把手教他：“先这样……再这样……”然后让他自己试着处理，最后帮他收尾；东西掉了一地，告诉他及时捡起来；衣服扣子扣错了，提醒他改过来。除此之外，我尽可能鼓励他，给他机会，树立他的自信心。例如，学校诵诗会，他主动要求领诵。

我和语文老师不断鼓励他，给他纠正语气、表情。可是，就在中午彩排的时候，小李一句话也说不出来，而且又一次吐在台上。看着他不安地看着我，我尽量用轻松的语气对他说："没事，我知道你没问题的，可能有些紧张吧，你能行。"顶着压力，我没让他下台。最终，他顺利完成任务。看着他踌躇满志的笑脸，我也轻呼一口气。

4. 关爱陪伴，爱是最好的礼物

随着深入了解，我知道了小李的爸爸已经因病去世，他的妈妈工作特别忙，他十分缺少安全感。我和他妈妈数次沟通后，他妈妈答应尽量陪伴他。但是我知道这个比较难，只好用自己的爱去鼓励他、安慰他，特事特办。比如有学生告状说他在背后骂我。我问他，他说："您有的时候是八爪鱼，有的时候是四十爪鱼。厉害的时候是四十爪鱼，不厉害的时候是八爪鱼。"我和他说："你很喜欢八爪鱼吗？你能用这种特别的称呼来称呼我，我很荣幸呢，我希望我八爪鱼的时候多。"当时，他的表情可爱极了。

他过生日，我尽量抽时间去参加，并且送上他最爱的礼物；他竞选失败了，我抱抱他；他喜欢看书，我送书给他，和他谈谈书里的内容；他因为同学讥讽而痛苦的时候，我一次次开导他，当他的保护神……

经过一个学期的努力，小李不再呕吐，他和普通孩子一样每天快乐地上学、按时放学，越来越开朗、健谈。

三、经验和反思

作为心理老师，接触的信息多是二手的。第一次听到小李的情况，我猜测是孩子的家庭教育方式出了问题，但是家庭的改变很多时候我们无能为力。而作为班主任，我看到的、听到的、感受到的是孩子实际的生活，所以当看到小李的班级同学们的表现时，我的第一感受就是这个环境给人很大的压力。果然，逐渐宽松的班级氛围加上积极的理念、正确的引导，小李逐步改善了自己的躯体化反应。这让我想到，孩子在学校的问题，不应该仅仅在咨询室里解决，更要去班里，看看他是怎样和环境互动的。或许这可以为我们提供很多思路。

呕吐，是我们很多人都很难接受的行为。那么，面对案例中的小李，我们要做的第一件事就是和孩子建立良好的关系，接纳他，承认他不舒服，理解他行为背后的情绪。当老师、家长是淡定又关切的，就会给惶恐不安的孩子一个良好的榜样。无论是建立良好的班级氛围，还是鼓励小李自立自强，都需要这种积极的、稳定的心态。在这个过程中，老师们或许需要一些心理学方面的知识，但是有一点是所有老师都可以具备的，那就是“爱”“理解”和“接纳”。

让爱与规矩同行　做幸福的陪伴者

▍史家教育集团史家胡同小学　王　雯

一、背景描述

2016年9月，作为班主任的我迎来了38名刚入学的一年级“小豆包”。对于学生的习惯养成，我们学校是极为重视的，因为习惯一旦形成，就很难改变。小学一年级是孩子的初始学习阶段，行为习惯的养成尤为重要。我作为一名低年级班主任，更要努力帮助刚刚走进校园的孩子们走好“万里长征”的第一步，帮助孩子们养成良好的行为习惯和学习习惯。

可是没有多久，我就发现了一个很特别的孩子——小金。从外貌上看，他是个身体瘦小、很普通的男孩子。我对他关注，是因为经常有同学向我告他的状。开学将近一个月了，他依然会在上课时从自己的座位下面悄悄爬到别的同学的椅子后面，用手杵同学的屁股玩儿。当老师提醒他的时候，他说他在捡铅笔；我也曾亲眼见过他无缘无故冲着同桌大吼一声“哈”，然后一巴掌拍在同学的书上，把当时在安静看书的同桌吓坏了，问他原因，他说他只是在和同学玩儿；课间休息，他仿佛有发泄不完的能量，满操场漫无目的地疯跑，因为跑得太快撞倒过不少同学；课间也曾经出现过他猛跑到正常休息的同学面前，手指并拢成剑的形状，用力向同学的喉咙戳过去，同学被弄疼了，哭着揪住他，让他道歉，他只会回过头对着同学说：“哼！”然后飞速跑掉。我问他原因时，他也是一句“我不知道他疼”。可以这么说，开学的前两个月，我每天都在解决他和同学的矛盾，还要花很多精力和那些对他有意见的家长沟通，讲道理和批评对于他好像根本没有用。当然，小金妈妈也成为被我约见次数最多的家长。可以说，那段时间用“愁云惨雾”来形容我自己是最合适的。

二、分析、解决问题过程

（一）借助专业分析，明确大方向

在音乐老师发来的视频中，他在几十秒的时间内，旁若无人地坐在自己的位子上开心地左右摇晃着脑袋，旁边的孩子们被他逗得咯咯直笑，他更加得意了，不但没有停下来，反而去摸其他同学的脚。夸张的动作和表情吸引了旁边的孩子好奇的目光，孩子们最喜欢的音乐课就这样被他“毁”了。事后，我把视频发给了小金妈妈。小金妈妈跟我谈了好久，她甚至很迷茫地对我说：“老师，我现在都不能确定我家孩子是不是有病。如果有病，到底是心理的，还是身体上的？”这也恰恰是我的疑问。于是，我为她推荐了学校的青苹果之家——一个关爱学生的心理辅导小机构。经过联系，在一个周一的下午，小金的爸爸妈妈带着他来到了青苹果之家，和两位老师做了一次深层次的沟通。

晚上，两位老师利用下班后的休息时间，跟我反馈了小金的情况。

1. 小金本人的情况

两位老师确定，小金是个聪明伶俐、想象力极为丰富的孩子，可以跟别人毫无障碍地沟通，他所出现的问题绝对不是身体上的问题。

2. 原生家庭对小金的影响

小金的爸爸是个公司的小领导，和所有的“80后”一样，小金的爸爸每天顶着各种压力在工作、在生活，所以在家里不免脾气有些大，小金小的时候犯了错误爸爸会打他；而妈妈属于外向、爱玩儿的类型，脾气更为暴躁一些。所以小金也属于比较冲动的类型。

3. 小金的养育方式

小金3岁左右要上幼儿园了，爸爸妈妈把他送到了爷爷奶奶家。因为幼儿园就在爷爷奶奶家的大院里，爸爸妈妈基本上2~3天探望一次。爷爷奶奶对孩子百依百顺，使孩子养成了想怎样就怎样的坏习惯。在幼儿园，因为他总是不和小朋友一起活动，大家在上课，他要爬到一边玩儿，大家在做游戏，他要去摸小朋友的头发，所以从中班开始，幼儿园老师就把他隔离开上课。同样在上课时间，只要他不闹，他随意做什么，老师都不说他。这样的做法对他形成规则意识完全没有好处。而如今，他成为一名小学生，他需要和同学们一起上课、安全游戏、排队喝水，这一切都需要孩子良好的生活习惯和规则意识。而这些正是小金所缺失的。

4. 学校生活对小金的影响

进入了学校的小金由于没有规则意识，总是闯祸，因此屡屡遭到老师的批评和同学的指责，孩子对于学校生活的感受是不愉快的。心理辅导机构老师告诉我，他们和小金聊天时，让他说出自己最好的五个朋友的名字，他沉思了好几分钟，才勉强说出了几个。而当老师们让他说出在学校最高兴的是什么事时，他又沉默了。

当两位老师和我做这样的反馈时，我心里既难过又内疚。对于一个初入小学的6岁孩子，要适应周围环境的变化，还要学那么多知识，因为做错事，每天承受着无数的批评，没有朋友，没有一丁点儿快乐的事。如果是我，也许已经在家哭闹着不会再来学校了。而我作为老师，却没有走进他的心里，我所做的就是每天批评他、找家长、让他道歉，把自己的负能量投射到他的身上。真正的教育不应该是这样的。感谢青苹果之家的老师们，不仅让我了解了小金，更让我反思了自己。

（二）爱与规矩同行，找回好人缘

在和青苹果之家的老师们沟通后，我也迅速调整了自己的一些做法，目的就是帮助小金养成好的规则意识，让同学们喜欢他，找回他的好人缘。

1. 降低标准

既然他迈进学校大门时就和其他同学不太一样，我为什么还要按照普通的标准来要求他呢？所以，我适度地降低了对他的一些要求。我告诉他，课间在操场上跑是可以的，但是不可以故意跑到同学面前撞倒同学。如果你又出现了故意撞倒同学的情况，就要在教室好好反思一下自己哪里错了，暂时不要出去玩了。上课时我也跟各科老师沟通好，只要他不影响同学听课，可以手里捏着橡皮、铅笔玩儿，但老师要稍做提醒，让他随时听课。一段时间下来，小金慢慢可以坐一整节课，也会回答一些他感兴趣的问题。

2. 学会共情

以往他和同学出现矛盾时，我会批评他，他一直都不服气。而如今当他和同学有小误会时，我会更多地听他说，以他的视角来看待这件事，理解他的感受。比如我会摸着他的头说："哦，同学刚才不小心踩了你的脚，你觉得特别疼吧？所以你动手打了同学，是这样吗？"往往这个时候，他会点点头，平复情绪。我进一步教育他，告诉他不能随意和同学动手，要向同学道歉。

3. 适时关心

其实小金是个很天真的孩子。课间他有时候会凑到我身边看书，还会像我儿子一样指着书说："老师，你能给我讲吗？"我会搂着他，给他一页一页地讲，即使我口干舌燥，也会坚持给他讲。每逢这个时候，他的周围会围拢一圈孩子，和他一起，静静地听我讲故事。小金和他们一样，眼睛亮亮的，讲到高兴的地方，他们还会一起哈哈大笑。我相信，此时的小金是幸福的。

4. 及时鼓励

当我观察到小金能够稍稍克制住自己，不和同学动手时，我都会把他搂过来，对他说："你为什么刚才没有打同学呢？"他会告诉我他的想法，比如同学不是故意的，只是碰掉了他的东西，不值得为这件事情动手。我会夸奖他做得对，同学确实不是故意的，你真的很大度。每次他都像一只温顺的小猫一样缩在我的臂弯里。

三、经验和反思

在爸爸妈妈和老师们的共同努力下，小金慢慢地有了一些小变化。尽管他有时还是会冲动地对同学说几句狠话，但是他会在尽可能短的时间里冷静下来，和同学想办法和解；他在楼道里看到迎面过来的同学时，自己先站住，而不是像过去一样，故意撞过去。上个学期末，他还被评上了班里的三好生，我第一时间告诉了青苹果之家的两位老师，老师们都替他高兴。从他的改变中，我知道了，教育要真正走进孩子心里，爱和规矩一定要同行。当然小金依然有很多不足的地方，如一遇到不感兴趣的课，他会利用自己的方式吸引同学们的眼球，而搞得课上一团混乱；会在我忙得焦头烂额的时候非要和我站在一起而不管其他同学异样的目光；一时兴起用尺子去戳同学……我想我和他的故事几天几夜也说不完，但是，有了青苹果之家两位老师的陪伴，以及我们对孩子的那份爱，我相信，这个小不点儿会一天比一天好。在爱与规矩同行的路上，让我们一起做孩子幸福的陪伴者。

点亮你的心

▌史家教育集团史家胡同小学　王竹新

记录学生的成长轨迹，目睹学生一点一点长大，这着实是一种幸福。体会过焦急得不知所措的气恼，感受过批评学生后的心疼，经历着孩子们成长过程中的感动与惊喜。这一年多来的教师生涯，让我真切地感受到，当老师真正蹲下来倾听学生的声音时，当真正把自己放到学生中间去时，才会让教育焕发本来的生机。关注孩子的成长，不仅要关注其学业成绩，更要关注其全面发展。教育不单单是知识的传授，更是品格的塑造与能力的培养。正面的、多元的、动态的评价标准，会让孩子绽放光芒。

我是一名三年级的班主任，刚接班时，前一任班主任就告诉我，这个班里有一个男孩小A身上的问题很多，性格急躁，学习成绩一般，纪律不好，爱玩好动，同时又很容易和其他同学发生矛盾，简直就是个典型的问题学生。得知此情况后，我多次找机会跟小A谈话，希望能够有所改善。但是没多久，小A同学又惹了麻烦。这个孩子真是无药可救了吗？怎么天天谈话都不走心呢？我静下心来认真思考问题到底出在哪里。

纪律不好、成绩一般……我只是从这些小A同学做得不好的方面去评价他，甚至每次跟他的对话也离不开“你今天又……”，只关注孩子做得不好的地方，却没有想过为什么。是不是因为我对他的评价陷入了消极定式，只有他惹了麻烦才会吸引到老师、同学们的目光呢？

我决定转变。

我没有直接找他谈话，而是先与他的作业对起了话。我教的数学学科，小 A 的作业正确率较高，但是书写歪歪扭扭，总是缺少规范与美观，每一页练习的侧面都有“老师对我说”这个栏目，之前我总是给他冷冰冰的评语：“书写！”但是收效并不大。“书写”二字只是放在那里的摆设，并没有走到孩子心里去。我尝试着改变：“作业正确率真高！如果书写能够再规范一些，那就太完美了！加油！”我悄悄观察收到作业本时他的表情，在看到左下角的寄语时，突然间认真了一点，黯淡的眼睛似乎有了一点点光！第二天，我看到他的作业稍微有点改变，修改痕迹擦干净了，书写虽算不上规范，但至少能看出是一笔一画认真写的。我继续在他的作业本上写道：“真欣喜看到你的改变！还有进步空间，期待着……”作业本一抱进班里，他就抢先发本儿，赶快看我留给他的几句话。我看到他不好意思地摸摸头，弯起嘴角笑着，一双眼睛眯在了一起。第三天，我再次翻开他的作业本，书写有了明显的进步，一笔一画、方方正正。惊奇的是他也在作业本上写下了要对我说的话：“今天的作业写得比平时慢，但是我很认真地改正了每一个字。”作业中寥寥数语的文字交流，竟然让这个孩子有如此显著的进步，点亮了孩子眼中的一点点光，更打开了我与他交流的一扇窗。

三年级的孩子爱动，有了自己的小想法，没有一、二年级那样听话了，这好像是一种特有的“三年级问题”。在小 A 身上自然也有这种问题，甚至这是一种他从一、二年级就带着的常态问题。我把小 A 请进了办公室，让他坐在我旁边。他似乎习惯了这种场面，脸上没有一点表情，眼睛看着脚底下，手指来回绕圈。我这样拉开我们交流的序幕：“王老师觉得你真好，好几次我为你的做法而特别感动。”他一脸茫然地望着我，不知道我葫芦里卖的什么药。“王老师觉得你是一个不怕脏不怕累的孩子，昨天的饭车推出班级之后，地面上有几处菜和菜汤，你没有一点儿嫌弃，直接就给处理了。每次你发作业都特别积极，班里的大多数作业是你发的……”听着我的话，小A低着的头抬了起来，看着我，脸上的表情变得柔和，白白的脸蛋上出现了一些红晕。“王老师，这些都是优点啊？我还以为我没有优点呢。”“当然了，你的优点还不止这些呢，你的体育特别好，跑得特别快，接力赛里没你可不行！可是你知道你还需要在哪儿改善吗？”小伙子的头微微一偏，不好意思地说：“知道，我太急躁了，不能着急，还有我上课要认真听讲，不能老玩儿。”我使劲地点了点头。

之后的几个月，我给予了小A更多的关爱，课间总会找他说一说他今天的进步和还需要改进的地方。同时，我还在班会课上点名表扬进步大的同学，让同学们来评价一下他们的进步，这其中就包括小A。同学们说：“我觉得这学期小A的进步特别大，他之前做错了事情都不说对不起，但是现在他会道歉还会处理问题”，“小A以前总是特别着急，什么都往前冲，不管不顾的，但是他现在改变了好多”，“他以前数学成绩不是特别好，书写也不好，但是昨天的作业还是他给我讲的题，我要向他学习”……听到同学们的评价，小A站起来也说出了心里话：“我以前觉得我什么都做不好，同学和老师都不喜欢我。刚才听了同学们跟我说的话，我以后会更加努力的，也会改正我身上的小问题，多为集体服务！”说完这段话，同学们自发地鼓起了掌。我也一起鼓掌。小A又不好意思地笑了，但他眼睛里坚定而认真的光，我看得清清楚楚。

此后，我和同学们真真切切地感受到了小A的变化。我跟他说话时他不再左耳进右耳出，而是能听得进去做得到了；数学课前3分钟的展示，他准备得充分，有趣的知识与良好的表达为他赢得了喝彩；每周的个人表现表中，学习、纪律、卫生、集体等方面都做得很好，赢得了小书签。看到孩子的这些改变，我的内心充满了感动与感慨。期末评语中我给他这样写道：“这学期，你是跟我接触最多的孩子了，其实王老师发现了你很多的优点：你是一个负责任的孩子，虽然只是几周的课代表，但你做得非常认真；你是一个严格遵守要求的孩子，自己带了小扫把小簸箕打扫卫生；你是一个心中有爱有班级的孩子，班里同学需要帮助时你总是积极伸出援手。但是，王老师也发现了你的一些问题，有时你的冲动和不管不顾真让王老师担心。孩子，不要着急，慢一点儿，再多一些耐心，好吗？”

曾几何时，我们都使用同一把标尺去衡量、评价每一个学生，有些在学校里渐渐失去了应有的色彩。“新课改”下的我们需要改变，评价孩子的标尺多一把，就有可能多出来一个优等生；对孩子的评价正面而积极，会促使他不断进步。我们注重孩子呈现出的结果，更应注重为之努力的过程；我们注重孩子的语文、数学、英语，但同样要重视音乐、体育、美术带给孩子的智慧、想象力、创造力以及团队合作精神。评价，是孩子感受成长的快乐、烦恼与挫折的主要参照物，正面的、多元的、动态的评价，会有效地改变学生的学习态度、学习行为以及与人相处的行为。

我很喜欢苏霍姆林斯基的学生评价观，他这样说道：“评价是教师手里的一种教育工具，它应当激发儿童学习的愿望，帮助形成这种愿望，而不是对于不愿学习的一种惩罚。”一年之计，莫如树谷；十年之计，莫如树木；百年之计，莫如树人。正面地、多元地、动态地去评价孩子，一定会让孩子的眼里绽放应有的光芒。

"小豆豆"变身记

▌史家教育集团史家胡同小学　马　岩

一、案例回放

炯炯是一个聪明的小男孩，个子不高，笑起来眼睛眯成一条缝，非常可爱。二年级我刚接班一周，就发现炯炯做事的速度特别慢。无论是收拾自己的学具，还是写课堂作业，总是最后一个完成；在课堂上他也比较沉默，从不积极举手回答问题，有时还会玩一些小纸片或尺子之类的东西；炯炯的自理能力也比较差，经常丢三落四，桌面上总是摊开各种书本。但是炯炯也有他非常突出的优点，他的书写非常漂亮，作业永远干净整齐，考试成绩在班里一直名列前茅。针对炯炯的情况，我和他妈妈进行了一番沟通，对孩子的成长环境有了更多的了解，对孩子的情况也掌握得更加全面。

炯炯的父母工作比较忙，他从小是由阿姨带大的。妈妈的脾气比较急，看到孩子一拖拉就开始大声批评他，并包办了本该由孩子完成的任务。久而久之，孩子适应了有人在后面催自己完成任务，写作业经常耗到晚上 11 点。由于睡眠不足，第二天上课时注意力不集中，无法专心听讲。

二、教育对策

炯炯的表现引起了我的深思，这是一个非常有潜力的孩子，学习能力也非常强，只要改掉磨蹭的毛病，一定会成长得更快。为此，我采取了一系列的对策。

第一，营造一个有利于集中注意力的学习环境。针对炯炯，我先要求孩子在写作业前来个深呼吸，然后静下心来写，教室要绝对保持安静。又与家长沟通，要求家长给孩子安排一个固定的、安静写作业的地方。孩子写作业时，家里不要发出其他的噪声，这利于孩子把注意力集中到作业上。

第二，培养孩子的时间“节点”观念，到什么时点做什么事，习惯成自然。我会合理、公平对待孩子，到点就下课，不拖堂；留给孩子足够的自由空间，告诉他们完成适量的作业就能自由。杜绝某些老师因学生作业完成得快，再给布置其他练习题的做法。

第三，启发孩子的竞争意识。我经常在班里开展竞赛：比速度、比勇敢、比细心。如写字比赛，看谁写得又快又好，进行书写展示。每次作业时，记下最初的名次，几天下来，看看炯炯的名次有无前进。

第四，尽量减少对孩子的唠叨和训斥的次数。我想我如果在旁边唠唠叨叨或大声训斥学生，让他们不要磨蹭，是解决不了任何问题的，反而会让他们消极反抗。如炯炯作业拖拉，我就把作业分成几部分让他完成。比如需半小时完成的作业，可以先把时间分成两段，中间休息 15 分钟。有时分解作业量，比如有 15 道题，可以规定每 5 道休息一下，然后接着做。这样有助于炯炯学会规划和管理时间。

第五，放手培养孩子的自主能力。我制定了一张详细的作息时间表，上面列举了一天的时间安排，让炯炯在规定的时间内完成相应的事，父母不能再为他代劳。如：要在规定时间内吃完饭，太慢就坚决收拾餐桌，使其下次进餐必须抓紧时间；规定时间完成规定内容的作业，哪怕是老师布置的家庭作业，也必须在规定的时间内完成，如果超时，就必须停止。起床、穿衣、吃饭、上学，让他对着时间表自己看着办。若迟到，叫他自己面对老师的批评。事后，家长可帮着一起分析原因，让孩子明白：不加快节奏、不安排好时间，就必须为此尝苦果。

第六，培养孩子的学习兴趣。通过和炯炯妈妈的沟通，我了解到孩子对乒乓球产生了浓厚的兴趣，妈妈从第二学期开始给他每天下午都安排了乒乓球课。由于课程完成较晚，回家后就没有时间写作业了。于是我和孩子“约法三章”，每天抓紧小块的时间，在学校完成三分之二的作业。如果没有做到，那么晚上的课就只能取消。炯炯对乒乓球兴趣浓厚，因此写作业的积极性提高。三年级开始有作文课之后，我发现炯炯的思维非常活跃，文章很出色，于是鼓励他在学习之余多看课外书，多写作。经过一段时间，炯炯的文章更加成熟，课外知识大大丰富，自信心增强。由于他喜欢上了《窗边的小豆豆》系列丛书，我高兴地把他叫作“小豆豆”。

三、教育反思

磨蹭，也就是拖拉，就是做事情总是不够麻利，不及时，动作迟缓，节奏比较慢，这是一个儿童行为习惯的问题。

素质教育需要我们培养高素质的人才，造就无数有灵性、会学习、能创新的综合性人才。我国教育家陈鹤琴先生说得好：习惯养得好，终身受其益；习惯养不好，终身受其累。孩子学习过程中爱磨蹭不是个别现象，是有原因的。不管是哪种原因造成的磨蹭，如不及时引导，对孩子的生活、学习及个性发展都会造成不良影响。

针对炯炯的情况，我展开了一系列工作。经过我的努力，孩子逐渐改掉了磨蹭的坏习惯，学习成绩向前迈了一大步。家长也非常欣慰。从这个案例中，我也受到了启发和教育，主要有以下几点体会。

第一，持之以恒，因地制宜。对存在问题的学生，不轻易放弃任何一个教育机会，不轻易放弃任何一个孩子。要了解其原因，从不同的角度去分析存在问题的原因，对症下药，并给予真诚的指导和帮助。教师和家长有信心、有毅力、不怕困难，孩子才会有顽强的精神，不良习惯是完全可以改掉的。

第二，为孩子创设良好的学习和生活环境。儿童是不断成长的，心理还不成熟，自制力弱，在爱与友善的环境中更容易纠正不良行为，使他以健康的心态正视自己，以积极的行为超越过去，就能进步。

第三，环境和教育对学生成长影响是巨大的。环境是改变不良习惯的重要因素，榜样是无声的力量，是活的教科书，是孩子良好行为习惯的典范。家长是孩子的第一任老师，而且是“永远的老师”。家长的一言一行，对孩子起着潜移默化的影响。教师、家长要注意提高自身素质，注重自身形象，为孩子营造一个健康的成长环境。

第四，磨蹭行为是长期养成的，良好的习惯也是长期养成的。习惯养成之后看上去是自然的，但是养成的过程并不是自然的，解决问题不如防患于未然。那些认为“树大自然直”的认识是片面的，长大后变“直”，改掉幼时的某些恶习，要经过痛苦的磨炼，要付出一定的代价。为了使小学生少走弯路，健康成长，从小教育纠正及早防范是很必要的。

小契约大智慧

▌史家教育集团史家胡同小学　李　享

“人际关系小动物法”适用于培养学龄期儿童的人际关系能力，力图帮助孩子建立向善的心理，从而形成良好的人际关系。我是在参加学校特殊儿童干预工作坊时学到这个教育方法的。结合专业知识，我想讲述一下我们班的一个小男孩的故事。

一、基本情况

浩浩，男，9岁，小学三年级学生，无发育迟缓、感统失调等方面的病史；爱吃好动，愿意帮助同学，爱看书，理解能力较强，喜欢表达；尤其英语学习兴趣很足，口语表达能力强，曾获得全国低龄组英语口语大赛冠军。

他存在的主要问题有三点：一是以自我为中心，规则意识较差；二是控制情绪能力差，经常做出伤人的行为；三是纪律差，屡教不改，严重影响其他同学，甚至影响老师正常教学。

二、问题形成原因分析

1. 家庭生活背景

浩浩的父亲长期在外地工作，不经常回家。浩浩和姐姐年龄差距大，母亲较溺爱他。对浩浩出现的问题，母亲经常抱怨，但没有改善方法，并表现出对以后的担忧。

2. 学校教育背景

浩浩愿意帮助同学，但情绪化严重，以自我为中心，经常动手打人，同学关系较差。对学校校规校纪没有敬畏心，规则意识差，经常被老师批评，但通常采取消极抵抗的方式。

3. 社会关系背景

浩浩从小参加很多课外学习班，爱表现，喜欢听到老师的表扬与鼓励，能够很好地完成课外学习任务，喜欢小集体学习方式。

三、结合“人际关系小动物法”的思考

针对浩浩在人际交往中出现的问题，基于“人际关系小动物法”引导学生向善行为的启迪，我一直在思考通过某种方法走近孩子，让孩子愿意向我敞开心扉。

每当浩浩出现人际交往问题时，我都利用早读、午休等时间，力求通过集体的力量帮助纠正浩浩的不良行为。但是，一次次的调节、尝试后，浩浩的情绪不仅没有得到控制，反而愈演愈烈，甚至出现了抵触情绪。这让我陷入了反思。

在学校特殊儿童干预工作坊的一次讨论会后，我找到了李娟校长，诉说了自己的困惑。李娟校长耐心地帮我捋清了思路，指导我在集体教育之后如何和浩浩这样的“特殊孩子”建立契约精神，引导其自我评价，找出最想解决的问题。教师和学生目标达成一致，通过小契约，建立持续沟通，促进问题的解决并拉近师生关系。于是，我通过查阅资料，对契约精神有了更加明确的认识。浩浩的规则意识较差，但自由的前提一定是自律。他反感教师说教式的要求、指责，向往师生平等的沟通。小契约，约束的不仅是学生，更是师生共同遵守的约定，是互相信任的体现！

四、教育实施策略与阶段性效果

接下来，我首先和浩浩沟通，给他留了一项特殊的作业，即将自己在人际交往中的优点和不足写出来，在不足中找出最想解决的一项。我还和浩浩妈妈沟通，帮助孩子一起思考这个问题，共同给出答案。

浩浩的反馈是：自己最希望改善的就是“影响别人”，因为平时控制不住自己的情绪，经常把小事变成棘手的大事，会不同程度地伤害到其他同学。这也是我最希望孩子认识到并加以改善的地方。

在和浩浩达成小契约后，我们开始了每天的磨合与沟通。在这个过程中，我印象最深的是浩浩在科学课上的转变。记得刚开学不久，我就接到科学老师的投诉：浩浩在课上不仅自己不听讲，还影响其他同学；每当老师指出他的问题时，浩浩总是充耳不闻，甚至故意用力晃桌子、踢椅子干扰同学；尤其是在科学教室做实验的时候，因为不能和同学们合作完成任务，经常发生打闹、损坏教具等情况。那次我没有当着全班同学数落浩浩，而是利用休息时间把他叫到身边，拿出我们的“小契约”，上面清楚地写着“不影响别人”几个字。我没有说什么，而是安静地等待孩子的反应。刚开始，浩浩以为我要严厉批评他，表情很委屈，甚至像要哭出来。但是我的反应出乎他的意料，他看着“小契约”，表情从委屈变成了不好意思。空气似乎变得融洽了，这个时候，我不再是高高在上的判决者，而是浩浩的队友、朋友，我的任务是帮助他解决困难，调整心情。接下来，我们一起分析科学课上的点点滴滴，帮助他了解其他同学的心情，引导他站在同学、老师的角度看问题：如果换作自己该怎么处理问题，如果自己被影响了是什么心情。接下来的时间，每当浩浩在科学课上出现了问题，我都会和他一起分析并解决，向着我们共同的目标努力。有一天，科学老师激动地找到我，特别表扬了浩浩的进步。虽然他还有各种各样的不足，但是再没有发生因为不能控制情绪故意影响别人的情况，同学们对他友好起来，老师们对他也提出了更高的期望。

五、阶段反思

基于“人际关系小动物法”启发，我在“小契约”的实践中取得了以下成效：

一是我和浩浩的关系由紧张到融洽，我明显感觉到孩子对我的信任感增加。

二是浩浩能够较好地融入集体活动，在诵诗会、联欢会等活动中都有不同程度的展示。

三是孩子对集体的安全感增加，同学之间发生小矛盾时能够冷静地思考一下自己应该怎么做，不再冲动。

四是和浩浩妈妈的交流更加顺畅，能够得到家长的理解与支持。

存在的不足：

一是对于同类问题缺乏总结，相同问题重复发生的概率比较大，孩子还是比较依赖老师帮助解决，自我处理问题的能力需加强。

二是班干部队伍培养不足。对于浩浩这样的同学，班干部缺乏关爱与帮助，集体凝聚力不够。

三是个别同学存在挖苦、指责的现象，出现问题时缺乏辨别是非的能力。

四是对于浩浩的妈妈，缺乏专业方法的引导与沟通。

“小契约大智慧”，感谢学校特殊教育工作坊针对一线班主任的帮助指导与专业培训，感谢校领导的关爱与倾心传授！宽容的教师不仅能够走进学生的心里，使其“亲其师、信其道”，而且能激发其自我教育的能力，在学生心灵上绽放希望的花。“小契约”在进行，希望在前方！

抓住教育契机　促进学生成长

▍史家教育集团史家胡同小学　华国辉

一、案例介绍

小 H 是我四年级新接班里的一位女生，戴着一副紫红色的近视眼镜，看上去特别文静。她的学习能力与成绩都不错，能按时完成作业，书写工整。课前能主动准备好学习用具，上课能认真听讲、记笔记，下课除了上卫生间，总是静静地坐在自己的座位上，从不与人发生矛盾。她的主要问题是在前三年的学习生活中，不论是课上还是课下，老师和同学们从未听过她说话。就像油与水无法相融一样，小 H 从不与任何人交流，对身外的环境没有回应。

二、案例分析

1. 个人因素

小 H 从小是个胆小、内向的孩子。以往的成长经历告诉她，她可以不与人交流，在需要交流才能解决问题时，一定会有人帮助她。比如开学后在一次课后兴趣班上，外聘的老师点名，她没有答“到”。老师认为孩子没有来，就通知了家长。小 H 爸爸马上给我打电话确认，当我赶到上课教室时，看到小 H 正坐在教室里安静地上课。通过我的告知，外聘老师对她的出勤做了记录。

2. 家庭因素

小 H 来自独生子女家庭，从小在家里与家人交流没有问题，只是在外出时不与人交流，当时并没有引起家长足够的重视，反而给予了她更多的保护。时间久了，可能孩子觉得不与人交流，对她的生活没有什么影响。随着时间的推移、孩子年龄的增长，家长逐渐意识到了问题的严重性，开始找心理咨询专家、上专门的课程，但都没有明显效果。

3. 环境因素

上学以后，在常年的班级生活中，无论是她自己还是周围的老师与同学，都逐渐接受了她不与人交流这一事实。这一状况让同学们从一开始的好奇，逐渐认为这是一种正常的状态了。甚至当有新老师进班上课，偶然叫到小 H 回答问题时，马上会有同学主动向老师说明：她上课不说话，平时也不与同学们说话。时间长了，这个环境本身就给小 H 构成了一种无形的压力。

难道小 H 只有离开这个环境才有改变的可能吗？虽然小 H 貌似离群索居，但我相信她也是想融入集体的。通过一段时间的观察我发现，小 H 对身边的环境是有所反应的。比如，当课上听到特别有趣的话题时，她也会和大家一起笑；课后，她虽然在认真听讲的过程中不参与同学们的游戏与交流，但她会在座位上看同学们游戏、听同学们交谈；她虽然没有完全融入大家的生活中，但大家的生活也不再像以前那样和她一点关系都没有。这让我看到了希望。

瑞典教育家爱伦凯指出：环境对一个人的成长起着非常重要的作用，良好的环境是孩子形成正确思想和优秀人格的基础。家庭环境对孩子有重要影响，学校环境对孩子有重要影响，我们教师应努力为学生创造利于成长的环境。①

那么，应该如何做才是最有效的呢？我决定为她打造适宜的成长环境，让她逐渐融入集体生活，帮助她打开与外人交流与沟通的窗户。

① 陈华："谈环境对孩子成长的影响"，《读与写·教育教学版》2015年第8期。

三、辅导策略

教育是十年磨一剑的慢工细活，需要从方方面面着手。我深知想促使小H改变并非一朝一夕之功，同样需要“多管齐下”。于是我从班级活动、情感沟通、因势利导、积极评价等多方面入手，试着让这个曾经游离于集体之外的同学回归。

1. 融入集体、激发潜能

组织班级活动是一个学生成长必不可少的教育内容。在班级活动中，学生可以培养自信心，激发潜能，同时还可以拉近师生之间的感情，增强班级的凝聚力。所以，开展班级活动，是形成良好班级氛围的重要手段。对于小H来讲，我认为应该让她尽可能地融入集体生活，使她充分感受到自己是集体的一员，从情感上拉近她和班里每个成员之间的距离。在组织大家参加集体跳长绳训练时，我担心她不能主动参与，便提前安排好和她同住一个社区的伙伴带她一起参加。小H加入进来后，我发现她比大多数同学水平要低一些。此时我一边调整摇绳的角度与速度，一边提示她动作要领，尽量减少她失误的次数。即使偶尔出现失误，大家对她只有惋惜没有责备。就这样，小H在集体训练时从未缺席。

2. 加强交流、建立信任

师爱是教育的基础。我深知像小H这样的孩子，内心非常敏感。我们只有慢慢走近她，让她慢慢感受到老师的关心与爱，才能使她逐渐放下恐惧与戒备。课上我会在不经意间向她投去关心的目光，我会大力表扬她的作业书写工整、准确率高、听讲认真、笔记翔实等。课后每次发现她的作业中有些小瑕疵的时候，我会耐心地给她讲解。

3. 抓住契机、积极引导

2020年春季学期因为新冠肺炎疫情没能如期开学，我非常担心小H的成长会不会因此而间断。当从孩子爸爸口中得知，假期小H已经能和熟悉的伙伴语音交流时，我非常惊喜。在停课不停学期间学校推出了“和谐课堂”，让学生在线上自主选择感兴趣的课程；还组织了“班级社区”交流活动，不同年级的学生在一起交流各自上课的心得与收获。第一期，我看到小 H 的手抄报、笔记，感受到了她端正的学习态度。第二期，我建议小 H 爸爸和孩子商量尝试录制一期视频交流。当听到小姑娘那悦耳的声音时，我感慨万千。

作为班主任老师，既要善于抓住教育契机，又要善于创造适于孩子的成长环境。有了这个良好的开端，我决定再接再厉。我认为应该抓住疫情这个教育契机，对学生进行正确价值观的引导，让战“疫”成为学生生命中的重要一课，引导学生感受生命、信念、道德和科学的力量。我们联系上了武汉理工大学附属小学四年级 2 班的伙伴们，希望借助网络，给 1000 公里以外的同伴们送去我们的关心与祝福，送去我们的支持与鼓励。我们第一时间建立了“手拉手活动群”，每周通过视频会议的形式进行“固定的约会”，即：一起阅读相同的书籍，通过分组线上交流的方式，分享阅读心得，交流学习生活，让温暖与爱驱走恐惧、孤独和焦虑。在一场又一场的在线交流中，小 H 变得越来越自信，越来越爱说了。在我犹豫要不要建议小 H 当一次主持人时，小 H 居然主动报名成为第五期的一名主持人。这样的改变让我觉得不可思议！

可以说“班级社区”交流和“手拉手活动”成为小 H 成长的重要基石。

4. 正面评价、增强自信

2020 年 6 月 8 日，无论是对我还是对小 H，都是难忘的一天。在阔别校园近 5 个月之后，我们再一次在熟悉的校园相聚了。那天早晨小 H 进班后，我听到了一个熟悉又陌生的声音：“老师，我的体温是 36.1℃。”熟悉是因为我在居家学习期间的语音作业中、在“班级社区”

的交流视频中无数次听到过这个声音；陌生是因为在近四年的校园生活，在半年多的直接接触中，这个声音从未在面对面的交流中、在教室和校园中出现过。这声音突如其来，又是我期盼已久的，我心中激动万分，简直不敢相信自己的耳朵。

学生返校当天我们还要完成区级“三好学生”的评选。以小 H 在班级中的一贯表现，除了与人交流方面的这个瑕疵，她是够参选条件的。我决定看看她是否会自荐参选。自荐参选，这个要求对她来说还是有一定困难的。其实不只是她，对于内向胆小的孩子，迈出这一步也不容易。

当我宣读完评选条件，孩子们开始自荐时，我向小 H 投去鼓励的目光。我从她的表情中，感受到了她内心的波澜。但这还不足以让她主动站出来参与评选。此时我决定再“托她一把”，我向大家推荐了小 H，列举了这半年多小 H 在各方面的进步。结果小 H 顺利地当选了。这是她的成长，也是集体的成长！

5. 辅导效果

2020 年夏季学期因为疫情的反复，大部分学生只返校上了一周课。这一周里，小 H 每天都能主动报体温。第二周的周一，班里只有 10 名同学到校，里面就有小 H。听小 H 爸爸说，从返校开始小 H 上学的热情特别高，即使第二周班里只有 3 名女生到校，也没影响到小 H。因为疫情，孩子们再次停课，我真替小 H 有些遗憾与担心。

暑假里，我在给学生打电话了解假期生活时，和小 H 进行了一次交流。沟通中我感受到小 H 开始变得自信、阳光。虽然她与那些优秀的同学相比还有不足，但她的改变，我们有目共睹。我们有理由相信，在未来的学习生活中，小 H 一定会成长得越来越好。

四、结论

作为教师，特别是班主任老师，做好一切工作的前提是爱孩子。

高尔基说过："谁爱孩子，孩子就爱他。只有爱孩子的人，他才可以教育孩子。"赞科夫也说过："当教师的必不可少的，甚至几乎最主要的品质，就是热爱儿童。"我认为不但要爱孩子，还要会爱。具体表现在工作中，就是老师不能放弃任何一个孩子，不能放过任何一个能让孩子成长的机会；既要懂得静待花开，更要懂得默默耕耘。

守护希望　静待花开

▌史家教育集团史家胡同小学　赵婧杉

一、前言

自闭症又称孤独症，是现在逐渐被人们重视的病症之一，发病率越来越高。自闭症的孩子将自己封闭在一个相对固定的狭小空间中，无法和别人交流，行为刻板，发育迟缓，在交往中很少使用语言。我们班的小 Y 就是这样的小朋友。

小 Y 同学的刻板记忆能力还可以，一旦需要运用思维想象能力去解读知识，就比较困难，一遇到难度稍大的实践，也会因为挫折感而终止听课或者情绪爆发。这种集体性、班级制学习环境，对他造成的困扰会随着年级的增长而逐步加深。

二、观察与分析

在校表现 1：有一天，他和别的小朋友在课间闹着玩，抢人家橘子，不给人家，然后对方小朋友哇哇大哭。我还没来得及说话，小 Y 情绪失控，边哭边背着书包往外走，说要回家，有人欺负他，拦都拦不住，但是过了大概五分钟，他的情绪逐渐平静。

在校表现 2：孩子沉浸在自己的世界里，老师和他说话完全听不进去，总是和其他小朋友闹矛盾。

让他发贴画，他会乱发，甚至发到别人班级，有的小朋友不想要他发的贴画，他又开始情绪激动起来。老师和他说规则，他会无视掉，不听规则。

在校表现 3：天天离开教室。小 Y 不定时离开班级，不在教室里的时间越来越长。一年级开学前两周是坐在台阶上，老师们能看到，后两周延伸到操场，在游戏场地赖着不走。现在会去地下室、办公室。

在校表现 4：不让回答问题就不高兴，发脾气，打同学。每次小 Y 举手回答问题我都会给他机会。但是有次我没有看到小 Y 举手，结果他非常生气，开始出怪声、砸桌子，还打了后面同学。

在校表现 5：随便动老师东西。我找不到优盘，结果在他的手里，上课我拿尺子在黑板上画线，他觉得好玩，直接走上讲台，非得和我抢尺子和粉笔。课间，他趁我不注意，自己去别的老师办公室，翻老师东西。

三、教育策略与解决方法

当出现惹怒其他同学的情况时，我极力安抚对方同学的情绪，并试图将小 Y 劝回班级中，确保他不会做出什么危险的事情。一般我会选择弯下腰，给他讲道理，并将他抱入怀中，给他安全感，让他冷静下来。

当陪读老师不在班的时候，我会在保证课程讲完的情况下，出教室寻找他，或者是让一个靠谱的、已经完成任务的同学帮忙寻找。在午饭时我会先让小 Y 打饭、添饭，避免和其他同学有摩擦和矛盾。

通过集体的力量帮助孩子成长，及时向家长反馈孩子的真实动态。在特教中心教研中我学习到了许多方法，我不断用集体的力量去影响他，让团体的力量促进、带动其成长。我会给他找朋友，经常聊聊天，孩子的语言表达能力有了很大提高。

因为小 Y 有时具有攻击性，我确定了班会的主题“神奇的手”，利用学习过的“人际交往——小豆芽法”的知识让孩子们知道手的作用：神奇的手可以做很多事情，同学之间要友爱，不能随便出手，拳脚相加。我想这不仅适合于个别学生，同时也适合所有同学。

此外，通过在特殊儿童工作坊的培训，我学习到家庭因素对一个孩子的影响是非常大的，孩子的压力更多地来源于家长的情绪管理和期待。所以我平时也会对小 Y 的奶奶进行思想工作，告诉她不要给孩子太大压力，达到最近发展区是最棒的，如果一直逼迫他达到很高标准，孩子不但做不到，还会情绪失控适得其反。

四、教育实施效果

通过我的教育方法，加之陪读老师的陪护、引导，小 Y 虽然有时候还是会忍不住下座位、随便说话，也会打扰课堂秩序，会有情绪激动、夺门而出的情况，但是总体来说是有进步的：小 Y 在教室的时间越来越长，有时候甚至能回答一两个问题；逐渐能接受在洗手、打饭时排队，不再因没有争抢上第一名而哭闹；课间，能和同学们玩简单的游戏。我看到了小 Y 一点一滴的进步。

五、总结

本着“不抛弃、不放弃”每一个学生的态度和原则，我想，不管小 Y 以后走哪一条路，只要他在我的班级一天，我都会帮助他。我认为一定要用爱来温暖小 Y 这样的特殊学生，要让其他孩子共情，用集体的力量带动特殊学生的发展。让我们一起守护希望，静待花开！

学生个案情况分析

▍史家教育集团史家胡同小学　宋　菁

一、基本情况

小L，男，7岁，就读二年级。早产两个月，医院诊断为脑白质髓鞘发育不良、注意力缺陷多动障碍。

小L认识很多汉字，掌握的词语也比较多，能朗读课文，记忆力比较好；孩子渴望交朋友，但不会与别人沟通，经常与同学发生矛盾。

另外，小L情绪不稳定，行为不受控制，经常出现在课堂上随意走动、出教室等现象。课上，他的小动作较多；课间操时在操场上跑来跑去。有时他藏在教室里，反锁教室门；有时他躺在教室地上，或钻到讲台下面，或在座位间爬来爬去。

二、原因分析

1. 家庭环境

孩子与妈妈、姥姥、姥爷一起生活；爸爸在外地工作，经常不在家。平时都是妈妈接送、辅导功课，中午在学校吃饭。

因早产孩子身体不好，家里人都觉得很亏欠他，对他百依百顺，极其宠爱。小时候主要由老人带，妈妈更加关注的是他的身体状况。妈妈对孩子学习上有要求，但对他的期待值很低，只要孩子不生病就行，其他的事情都是顺着孩子的意愿。上学前，妈妈就非常焦虑，害怕孩子不能适应学校的生活。上学后，妈妈经常在校门外观看孩子在校的情况，表现十分焦虑。

2. 学校中的表现

小 L 上课时不能安静听讲，嘴里不时会发出声音，重复老师的指令（如老师说同学们安静，他会很大声地说同学们安静），以引起大家的关注。老师制止他，他就躺在地上。很多老师一上课就头疼，只要他不影响大家，就随他。他不会与别人沟通，经常与同学发生矛盾。同学们也不愿意跟他玩。

三、教育对策

1. 班主任老师做了大量耐心细致的工作

班主任老师对孩子充满爱心，积极进行教育引导。例如专门召开“我为你点赞”的班会等各种形式的活动，教育班里同学接纳小 L。同学们很包容他，他出现过激行为时也能迁就他。班主任老师还经常变换各种方式与小 L 家长沟通，纾解家长的焦虑。校区领导也与家长多次沟通，就孩子的教育问题进行交流。

2. 聘请特教学校专业老师进行指导

学校聘请东城区特教老师对小 L 案例进行跟踪指导。特教老师通过日常观察、进班听课、家校访谈、与孩子一对一沟通，制定指导方案，并着重做好两方面工作：一是疏通家校关系，促进合作，多次与家长谈心，帮助家长舒缓焦虑情绪，树立信心，交流教育孩子的方法，使家长逐步调整教育孩子的理念与做法。同时与老师沟通，帮助老师正视和分析孩子的表现，了解发生多动性行为的原因，有针对性地对学生进行引导，帮助孩子逐步改变自己的行为。二是通过游戏、手工、绘本等方式，缓解孩子紧张焦虑的情绪，培养孩子兴趣，训练孩子注意力。

3. 学校心理健康部门“青苹果之家”协助指导

小 L 同学经常来“青苹果之家”进行沙盘游戏。经过一年 20 多次的引导，小 L 有了一定的进步和变化。具体表现在沙盘表达的丰富性、言语有反应、笑的次数、与辅导员老师目光的接触上都有明显的发展。“青苹果之家”还帮家长疏导情绪，进行安抚，并提出建议，让孩子参加朗读班、航模班、冬令营和夏令营，和家长建立了信任关系。

4. 专业老师陪读

根据小 L 的实际情况与需求，在特教学校老师的建议下，请残联的专业老师进入学校陪读。陪读老师的主要工作是：上午半天融合康复、对孩子的不良行为进行干预、情绪疏导、配合老师工作。

四、效果及思考

经过以上方式的干预，小 L 的整体状况有所好转。部分时间能够在课堂上正常学习，下课后也能够正常与同学进行活动，特别是在一天中上午的时段。孩子妈妈的情绪也有了一定的转变，到学校门口观望的情况逐渐减少。

陪读老师陪伴期间，初期阶段及时安抚小 L 的情绪，帮助他解决问题。但在临近期末时，小 L 的行为又出现了反复，出现不听从陪读老师的要求、在校园中大哭大闹、课堂中途跑出教室的情况。分析原因，主要是当时处于药物调整期，孩子易出现显著持续的情绪高涨。

我们在对孩子干预的过程中，发现妈妈的紧张焦虑情绪对孩子的影响也很大。为此，学校、特教老师等对其做了很多疏解工作。

面对越来越多的特殊学生，我们非常需要得到专业的教育指导。尤其是一线教师，与这类学生家长的沟通方式，帮助家长掌握更专业的教育方法、转变教育观念等，都是老师们亟须学习的。

对一个四年级读写困难学生的帮助

▌史家教育集团史家实验学校　杨晓雅

一、学生现状

学生小 A，说话有点口吃，语言表达不清楚，在读和写方面较为困难。具体表现在：汉字书写无法成形，结构笔画解体；能够熟练背诵内容，但面对书本文字，无法连贯地读出 5 个字以上的语句，记不住学过的字词；三年级两个学期的语文期末考试待合格，数学和英语期末成绩均为良好。

此外，他在行为规范和纪律上表现不佳，好动，注意力极度不集中，自理和自律能力较差。

随着年级升高，以上情况逐渐严重。

1. 课堂表现

语数英课：课堂上，他的注意力难以集中，常常走神儿，左顾右盼，哪里有声响就看哪里，感兴趣的地方就听。例如，故事性较强或在家学过的内容，趣味性较强的资料补充、图片视频等内容，积极举手，但表达语速很慢，回答问题的正确性较低，或是说一些其他同学说过的内容，但持续时间较短。但对不感兴趣的内容，则不听。例如，老师进行生字词讲解、课文内容讲解时，他就会专注地玩手中的文具，偶尔也会影响到周围同学。老师所讲所提的要求，常常听不进耳，或动作特别慢，老师提醒或批评，他还会反驳、生气。

科任课：表现更为活泼，感兴趣时随意举手说话，声音很大；不感兴趣时，则会跟同学聊天或自己玩儿，严重时会干扰课堂秩序。

2. 作业及考试情况

作业情况：一、二年级时，在家长监督和帮助下能够完成作业。但据家长反馈，在家写作业磨蹭。三年级时，出现家长代笔写作业情况。如今四年级，有写不完作业，甚至不写作业的情况发生，写作业时边写边玩儿，自律性极差。

在校基本完不成校内任务，都要回家补，增加家庭作业负担。如果老师没有一对一或让同学一对一监督，则会磨蹭，一个字都不写。改错题也会改一节课。

考试情况：一、二年级时，语数英三科勉强可以把卷子答完，从三年级开始，语文数学基本答不完题，语文很多内容空白不写。如今四年级，随着学习难度的增加，考试时读不懂题，只写选择及判断题，涉及文字书写的部分都无法写出来。语文单元测验及期末考试不及格；数学单元测验能够及格，书写阿拉伯数字比较顺利，选择题和填空题有些能写出来，但应用题或涉及文字书写的则无法答出；英语单元测验也能够及格，只写带有英文字母的选择题，英文句子书写非常慢。

3. 学校生活表现

该生性格活泼开朗，心地善良，也乐于助人，课间总是和同学嬉笑打闹，关心班集体和学校的各种小事。但行为规范和纪律表现并不理想，有时容易生气、着急，不太会处理与同学之间的矛盾，有跟同学吵架甚至动手的行为。不愿接受批评，受不得委屈。班级同学对该生意见较大。

二、帮扶措施及效果

1. 所采取的措施及努力

作为班主任兼语文老师，面对该生出现的、不能完成作业的情况，我在作业和课堂学习上降低了对他的要求。

第一，课上简单的字词朗读，让该生来完成。他不会读的词语，我带他读。在同学面前多鼓励他，帮助他树立信心。

第二，家庭作业只完成基础性作业，例如预习、生字词书写、读课文和课外阅读。背诵内容也进行调整，只让他背诵简短的古诗和“日积月累”，篇幅较长的课文段落则不要求。

第三，练习册和测试卷，给该生单独画题或提要求。练习册只要求他完成前面基础的与音形义相关的题目，阅读题和小练笔则不要求。

第四，习作内容，可以在家延长时间来完成，可通过记忆或抄写范文，进行模仿学习，尝试在考试中能写一点内容。

第五，校内学习任务，让班干部帮助，或老师单独对学生进行辅导，保障校内任务尽量在校内完成，减轻家庭辅导的压力。

第六，与家长沟通，建议家长积极配合老师，在书写和阅读方面帮助孩子提升能力。

2. 学生的变化

经过我和家长的不懈努力，四年级开学一个月后，小 A 每天都能在学校完成我给他规定好的基础题和学习内容，学习积极性有所提高，也能清楚地知道自己哪项作业没有及时完成。

虽然各科老师对该生学习内容进行了一些调整，但随着年级升高、年龄增长，该生的读写障碍情况并不乐观，与同年龄段学生的差距逐渐扩大，而且能书写、能读懂的内容也渐渐变少。这也影响到该生的行为纪律。所以，家校协作的路还很长，需要大家齐心协力。不管结果如何，我们都将尽最大努力。

小罗同学的成长与变化

▌史家教育集团史家七条小学　吴　玥

一、情况描述

林琳老师是一位年轻的数学老师。2016 年她来到了七条小学工作，担任四年级 2 班班主任。在 36 个个性鲜明的孩子中，小罗是最特殊的一个。小罗让林老师这个初龄班主任对做好班主任工作特别困惑。

1. 孩子的主要表现

课上：小罗不能认真听讲，随意出怪声扰乱课堂秩序。课间：跟同学交往动作粗野，情绪易激动，偶尔会出现骂人的情况，不能很好地参与游戏等。作业：各科作业都完不成。学习：语文不会拼音，识字量为学前水平；数学会 10 以内的加减法；英语 26 个字母只认识一部分。单元测试成绩平均在 10 分左右。

2. 老师采取的措施及效果

老师尝试着鼓励 + 批评的方式教育他，但他只能好一会儿，之后还是老样子。

老师联系家长，家长也说没有办法，只能在家提醒孩子，但是孩子并没有实质性的改变。

无奈之下林老师找到德育处万平老师。

二、采取的方法

1. 万老师给林老师提出了“放慢节奏，慢慢地烧开一壶水”的建议

林老师反思，以前虽然鼓励小罗，但总想通过几次鼓励就改变他，发现他再次犯错就会着急，对他缺乏耐心。

为此，她从学校生活细节入手关注小罗。例如，中午交餐盘时，小罗用勺子接着餐盘的角，防止菜汤滴到地上，林老师当着全班同学的面表扬他的这个细节；课间把他叫到自己身边，让他帮忙发记事本和作业本，然后对他说“谢谢”；他的体育成绩差，林老师就陪着他在操场上跑步。当然，他还是有很多时候做得不好，在批评他时，林老师注意方法和声调；如果课间他跟同学有冲突，林老师帮他分析原因，带着他跟同学说道歉……

2. 设计了针对性的教师评价量表

在万老师的帮助下，林老师给小罗制作了小奖票，上面记录了他一节课遵守纪律的时间，每节课前给他一张，让他下课后找老师填写。这样做可以把他的行为数据化，然后我跟他分析这节课努力到了什么程度，下节课应该怎样做、要有哪些改进。当他累计到 300 分钟时，就能换小奖励。有了具体的数据，小罗渐渐地也有了目标，知道课上自己应该努力遵守纪律。另外，通过对数据进行分析，老师能更清楚地了解他的状态，知道该怎样调整。

小罗还有一张自评表。每节课都有伙伴互助小组的同学对他的课堂纪律进行监督，放学前老师会跟他一起完成这个表。小罗根据自己的行为表现给自己打分，然后班主任签字，回家家长签字，这样家长也了解了孩子的改变。孩子有了进步，家长也有了与学校配合、共同督促孩子的信心。

3. 成立小组

初见效果后，老师们一起商量下一步的策略。老师把常和小罗发生冲突的同学，还有离他座位最近的小干部同学组成了小组。每天放学后小组同学到校长室报到，说说这一天的好事，也说说这一天小组的进步，然后大家一起分享橘子、苹果或者奖励他们一瓶矿泉水。到目前，已经由天天上校长室报到变成偶尔来校长室见面了。

4. 取得其他学科老师的理解

同时，其他学科老师也调整了小罗的学习内容，给他从最简单的内容补起。语文老师教孩子最基本的拼音拼读和识字练字。英语老师就从简单的字母开始。数学老师从一年级的计算开始，每天都做计算练习。经过一段时间的努力，小罗现在偶尔也能完成简单的语文抄词作业和英语的抄写作业，数学的计算能力也上升到了表内除法。

5. 获得家长的支持

孩子的转变，离不开家长的理解与支持。小罗的父母不但带小罗去做了检查（数据结果显示智力处于边缘），还配合班主任和学校的工作，主动督促小罗调整状态，使小罗的转变更有成效。

三、成长

在“长期作战”的过程中，孩子成长了，老师也成长了，林老师体会到了班主任的辛苦与幸福。

“小淘气”的成长

▍西中街小学优质教育资源带　王　弋

在年级中，一提到小 C 的名字，几乎是无人不知无人不晓。还记得一年级刚入学时，他是班中“无法无天”的代表：上课的时候爱说爱动，经常不听老师的话就擅自接下茬；下了课，总是第一时间冲到厕所，在里面开展他的“秘密游戏”——有时候往人身上泼水，有时候把手纸浸湿了往墙上抛。当你批评他时，他表面上乖乖认错，可转脸就忘，该怎样还怎样。记得有一次在升国旗如此庄重严肃的场合，他却嬉皮笑脸，老师甚至校长的批评教育，换来的依然是故意不站好队和满不在乎地翻白眼。在此之前，我还真是没接触过这么调皮捣蛋的孩子。对他严厉的批评只能起到表面作用，要想从根本上让他服气老师的教育，我还需要不断摸索。

抱着这个想法，我开始观察小 C，观察他与其他同学如何相处、他有没有特别的好恶。最重要的是我也在观察这个孩子的家长是否配合学校、关心孩子在学校的表现。好在小 C 的妈妈非常给力，经常在放学后找我聊聊孩子在校的表现，还总是小心翼翼地问：“王老师，您今天不留我吧？孩子没犯什么事儿吧？”和孩子妈妈沟通后，我得知小 C 在幼儿园的时候就已经是出了名的“淘气包”，孩子的妈妈每每放学都要被老师留下来，听一听孩子一天糟糕的表现。长此以往，孩子的妈妈对自己的孩子也是格外没信心，每天小 C 上学，她比小 C 还紧张。

面对这样的孩子家长，我没有屡次告状增加她的紧张情绪，而是把我在学校发现的小C的一些优点一一给予表扬，并和她表示，只要是能在学校解决的问题，没必要总是找家长、麻烦家长，对于如何帮助孩子成长，咱们一步步来。时间长了，小C的妈妈似乎恢复了一些对小C的信心，感觉也没那么焦虑了。对学校布置的工作，小C妈妈都是全力支持，这也为后来顺利的家校沟通奠定了基础。

经过不断的观察，我发现小C是一个自尊心很强，喜欢受到关注，对老师格外有礼貌、很亲近，犯了错误喜欢推到别人身上，甚至会指挥班里一些“小淘气”干点捣蛋事儿的小孩。发现了他的这些特点后，我对他也有了一些自己的想法。

一、“听力作业”应对上课时的东张西望

小C的自尊心很强，不愿意落在人后，有一次考试因没得满分，心情沮丧了很久。因此我设立了一个部分学生可以获得奖励的每日作业——听力作业。听力作业即在每天的校园生活中找到一件事情，不能动笔写在记事本上，而是要把内容记在脑子里，回去给家长复述这件事情，可以是帮班里带包纸巾，也可以是回家后在微信里给我背诵一篇课文……每天都不同，设置的本意是培养孩子的记事能力，完成的同学有奖励。刚开始由于小C在课上总是东张西望、眼神游离，听力作业他基本上完成不了。此时我找到他的妈妈，让家长一定记得每天关注孩子完成听力作业的情况，每天追问；而我也时不时在他亲近我的时候提醒他：今儿又记错听力作业啦？下次可得认真听了。随着家校两方面每天不断督促他，他在课堂上走神的时间少了，发言的次数多了，后来的听力作业基本上每天都能完成。

二、抓住契机让他知道犯错就必须改

先前提到，小C最大的问题就是明知道自己犯了错，却喜欢给自己找理由，把责任推卸到别人身上。

一次，教室后面的小柜子上写有同学学号的贴纸好多不翼而飞，孩子们向我反映是班里的小圆撕的。但当我找小圆了解具体情况时，发现背后还藏着小 C 呢，在他的指使下，小圆才想到了这个坏主意。了解情况之后，我把指挥者小 C 叫了过来。作为出主意的人，他原本以为自己只会接受一下批评，不需要承担后果。从他的眼睛里我能看出他对这件事满不在乎，毕竟事情不是他亲手做的。当我提到自己犯错和教唆别人犯错都要承担责任时，他大喊无辜，声称自己就是顺嘴一说，谁知道小圆就去做了呢。趁这个机会，我告诉他，你没有做，只是动了动嘴皮子，出个主意，并不代表这件事真的与你无关，找一找这件事的起因究竟在哪里。犯了错就得负责到底，而我说的负责绝不仅仅是道歉这么简单。

后来我让他自己想如何弥补这件事，也与小 C 的家长进行了沟通，最终的解决办法是他自己找到相关的贴纸，认真写上学号，给同学一个个重新粘上，两个犯错误的人一人负责一半。通过这件事，我让小 C 明白了：像以前那样怂恿别人做、自己躲清静的好事现在没有了，只要犯了错就必须勇于承担责任，直到解决问题为止，没有逃避的可能。

经过一学期的“斗智斗勇”，小 C 的进步越来越明显。班里的不少孩子也很喜欢他。而我只要发现他的优点，就会及时给予表扬，让他在班里获得成就感和荣誉感。针对孩子的性格予以疏导，与家长密切联系取得配合，让小 C 不断认同学校、认同班级、认可老师，我想这是他不断进步的原因吧。

一次举手的约定

▌西中街小学优质教育资源带　张梦玉

我是一名新入职的教师，刚开始很多突发情况会让我不知所措。例如，讲课时，一个学生不停地在地上打滚；还有，你面前突然有一个孩子大哭……如果这样的事频繁发生在课堂上，我该怎么办？

不久前，在道德与法治课上就发生了这样一幕：一个叫小木的同学因为上课自言自语被正在发言的同学点了名字，发言的同学觉得小木在他发言的时候说话干扰了他的回答，小木听到同学的话后立刻开始号啕大哭起来。小木为什么会如此失控呢？原来，小木患有阿斯伯格综合征，属于孤独症谱系障碍，是一种神经发展障碍。它的重要特征就是社交困难，伴随着兴趣狭隘及重复特定行为。这样的孩子，因为人际交往出现障碍，又不能表达自己内心的想法感受，让人很难理解他的思维及行为，因此他们只能生活在自己理解、想象的世界里，像天空中孤独的星星，所以他们又被称为“来自星星的孩子”。小木身上比较明显的表现就是上课会自言自语，说的都是他对于老师课堂内容的见解，可是因为兴趣狭隘，又经常会把答案拉到他所喜欢的兴趣范围里，造成所答非所问的情况。这一切在同学眼里就是他自言自语、没举手就发言、扰乱课堂秩序。可在小木心里他只是在回答老师的问题，但同学们都说他扰乱课堂秩序，自己又不能表达出内心的感受，他只能选择大哭。

说实话刚开始我也有点懵，该及时制止他宣泄情绪吗？为此我设置了一节课，内容就是生活处处可学习。我让同学们两两一组讨论：如果你身边的同学很难过，你要怎样帮助他恢复情绪。我跟小木一组。小木正在大哭，于是我蹲在小木面前，捧着他的脸让他尽量直视我的眼睛。这样的孩子是不愿意与人对视的，但一旦对视我觉得就像是频道对接上一样，你说的话他就能听进去一些了。我努力与他对视，并真诚地和他说："你心里一定很难过吧，没关系，想哭就哭出来吧，我明白你现在一定很痛苦。"在听到我说这些后，小木竟然由大哭转为了抽泣，他觉得自己内心的痛苦被人看到了，情绪也被认可并接纳了。他抽抽噎噎地跟我说："他们都欺负我，我是发言，不是说话。"听后我告诉他："老师明白你的感受，那是种被人误会的感觉，那种感觉很不好是不是？但是老师知道你不像同学说的那样，你是个遵守纪律的好孩子，所以老师没有批评你。"听完我的话，小木彻底停止了哭泣，他擦干了眼泪认真地点了点头。之后，我结束了班级的讨论，并借着这个机会与孩子们共同学习了怎么进行共情式的沟通，孩子们也体会到了共情的神奇之处。下课后，我又找到了小木，并郑重地跟他说："小木，虽然老师能了解你想发言的感受，但课堂上咱们要创造一个安静的环境，回答问题时要记得举手，这样每个人都能听到老师讲的内容，也可以公平发言。你要不要和老师做个小约定呢？在上课时发言要举手，这样你听课和发言的时候别人也不会打扰到你。"小木愉快地答应了我，并一起定下了上课举手发言的小约定。

虽然现在小木偶尔还会自言自语，但只要我给他一个小小的示意，他就会自觉地遵守约定，为自己的选择负责。

在入职的这一个学期里，我深深地感受到一名教师的责任。虽然我教授的科任学科并没有那么大的成绩压力，但是我们依然要通过我们的关爱，耐心地教给孩子们从小懂得尊重、理解。尤其是对于那些特需学生，我们更要有"不失一生"的理念，要教育改变他们，使他们长大后能更好地适应这个世界。

有爱的教育　快乐成长

▌西中街小学优质教育资源带　肖　茜

每个孩子都是父母眼中的小天使。父母都希望自己的孩子健康快乐地成长。但是并不是每个家庭都能够那么幸运。我们班就有这样一个小男孩，他叫小 W，在妈妈肚子里 7 个月大的时候，由于妈妈发烧导致早产。孩子出生后医院诊断为缺氧窒息导致的脑瘫。目前孩子最大的问题是不能像正常的孩子一样行走，行走姿势异常，剪刀步态，需要家长协助。孩子 4 岁之前每天都在康复机构进行训练，4 岁以后在一家私立幼儿园学习。到了入学年龄的他极其渴望能够和正常的孩子一样上小学，学习更多的知识，参与集体活动。在学校及领导的支持下，小 W 成为我们班集体的一员。

在孩子和我们共同学习生活的两年半时间里，作为班主任的我并没有把他的到来当作负担，而是用爱心呵护着，引导班里小伙伴们一起关爱他、照顾他。

刚开始，我会扶着他去专业教室上音乐课、美术课。后来，班里的孩子都愿意主动扶着他上下楼，到现在我们班里每天都会有两名小志愿者与他形影不离。我们班里无时无刻不体现着师生间的爱、同学间的爱。

小 W 在我们这样有爱的集体里快乐地成长着，集体活动一次都没有落下。小 W 的协调性不是太好，在收拾、整理自己的物品上还有待锻炼、提高。2019 年 5 月，在学校组织的劳动技能大赛中，二年级的项目是叠衣服、戴红领巾。小 W 为了不给集体抹黑，就在家里刻苦练习。在正式比赛那天，小 W 也顺利地叠好了衣服、戴好了红领巾，虽然速度并不是特别快，但所有的同学都为小 W 同学积极认真、努力争取的态度鼓起了掌。小 W 同学的阳光、韧劲儿也深深地打动了我和班里的孩子们。小 W 特别喜欢上体育课，每一节体育课他都没有落下过。奶奶会带着他一起上体育课，只要是能做的动作，他都在奶奶的帮助下和大家一起做。小 W 和同学们一样最爱参加学校组织的社会实践活动。两年来，我们走进孔庙、宋庆龄青少年实践基地、故宫、北京植物园，去中国儿童艺术剧院观看儿童剧等。每次活动前，我都会和小 W 的父母联系，确定好是爸爸还是妈妈和小 W 一起参加活动。爸爸妈妈的鼓励让小 W 既感受到家庭的温暖，更感受到融入班集体的快乐与幸福。

小 W 的阳光心态，也源于他的家庭。作为班主任的我，不忘抓住教育的契机，对全班同学进行教育。在一次家访中我了解到，小 W 的爷爷在工作中意外失明。一家五口人，爸爸妈妈白天上班，奶奶就承担起了照顾爷爷和小 W 的重任。虽然一家人生活很艰难，但是我能够感受到他们的坚强与乐观。这样阳光的家庭氛围，也让小 W 的爸爸妈妈一直努力着。在家访中我看到了一段视频，就是小 W 在父母的陪伴下快乐地学习骑自行车、学游泳、学下棋、读英语、写书法、画画的场景，我再一次被感动了。小 W 无形中成为班上其他孩子心中的榜样。在经过孩子的父母同意后，我把这段视频也分享给我们班里的孩子和家长看。

小 W 所经历的痛苦是我们无法感受到的，但是能学习到他的坚强意志和阳光自信，是我们班所有同学的收获。在这样一个有爱的集体中，每一个孩子的成长都是一种难得的经历。

做“光融校园”的践行者

——带给多动症儿童一缕温暖

▌西中街小学优质教育资源带　任　杰

2020年，我加入西中街小学，成为“光融校园”理念下的一名践行者。带着这一缕温暖，我走进了一年级8班，开始与41个可爱的面孔朝夕相处。

开学了。我是真的憧憬着美好，憧憬着我带的班级稳定，我的孩子们一个个在学校和我的共同培养下规规矩矩，所有科任课老师都愿意在我们班上课，跟我说，在你们班上课真舒服。然而，我发现想多了……

开学第一周，陈老师来找我了。她抱着我的一只胳膊，用另一只手使劲地拍我，说：“任老师，你们班小A打我！”她还声情并茂地把当时的情景还原到了我的这只还在挨打的胳膊上。陈老师的气出了，我的胳膊肿了。

第二次是美术课上，小A觉得画画没意思，非要出教室遛弯儿，老师没同意。于是矛盾升级，小A用头使劲撞老师，非要出去。

第三次是英语课，他趴在地上出怪声，老师让他起来坐好、读书。因为说了一句“别的同学都不要受他影响”，他就生气了，于是站起来用手把全班同学摆放整齐的英语书一本一本地打落在地。在这个过程中，班里有十几位同学的手被书角划伤。

最近，小A更加严重了，把我打了不说，还总是不停地动别的同学的东西：把物品拆了，或者直接拿走扔进厕所。这下家长们再也忍不住了。我多次深夜里阅读家长给我的短信，多次联系小 A 妈妈赔偿物品。

这天，小 A 正拿着数学老师唯一的一支红笔要拆时，我一个箭步从他手里拿了回来。他生气了，大喊一声："给我！"随即从门口处助跑，含胸、低头，准备用头撞向站在讲台旁的我。我当时心中两个想法：一是不让他撞，我可以闪开，后果是他直接撞到桌角，头破血流；二是我让他撞，后果是他不会受伤，但我确实没给自己上过商业保险，我被他撞坏了，我身后还有一家老小，整个团队需要我养。怎么办？此时，真的不能再想了，我瞬间选了个折中的办法，我也往前跑了两步，我俩相遇的时候，我虽然很生气，但我知道我们两个都不能受伤。我抱住了他，他冷静了下来。

接下来的这项工作我每天都在做，就是晚上定时定点跟小 A 妈妈沟通。沟通时我只是描述客观事实，很少加自己的主观判断，即使这样，每天围绕他发生的事件就够我描述一个小时的。终于，他妈妈坚持不住了，主动要带他去看心理医生，去医院做评估。几天后，他妈妈把医院的诊断结果发给了我：注意力重度障碍 + 情感双向交流障碍。

得知结论后，我陷入了沉思：他就是坐不住，上课总是跑来跑去，出怪声、接话茬，一句话不对脾气就爆了……若按往常我们把这些行为解读为故意的时候，我们的脾气一下子也会上来，这样便不是良好的互动。我该怎么办？当我听到医生给出的"对立、违抗"等专业术语时，我的内心再一次被触动了，有一种莫名的感觉，可能因为我也是一名母亲吧，我开始理解小 A 妈妈当初为什么总是带着抵触的情绪和我交流，为什么总是不愿意接受孩子的现状。

作为小 A 的班主任，为了改变孩子，为了我们整个班级，我开始花心思了解这类疾病。看书、查找文献，找到他们的核心缺陷是什么，而不是给孩子贴标签。我每天还是常规和妈妈交流，但是交流的内容发生了改变。我也和妈妈探讨孩子有哪些优点，哪怕只是一点点进步，也要说一说。起初妈妈还是不相信，但是经过一段时间后，妈妈不再是那种怀疑的语气了。我从电话的这边能感觉到妈妈是微笑着说话了，当她听到孩子今天又在某方面进步的时候，也是非常开心的。就这样，我和孩子妈妈建立起了信任，还推荐妈妈参加了学校组织的家长沙龙。其实我们都知道，要想改变特需学生有多么难，但作为教育者，不能因为难而不做，我坚信“所有的改变是从理解开始的”。

接下来我开始探索教育他的方法，放低对他的要求。我会给他适合的任务去做，积极发现他在课堂上的每一个微妙变化。比如，这样的孩子需要很强的结构化。举个例子，课表安排下节课是体育课，如果老师临时有会议改为数学课，这时孩子会大发脾气，其他孩子虽然也不开心，但是能接受。因为特需孩子很难适应突发事件，所以我们要事先告知，如果明天发生，我们今天就跟他说。这样的小事比比皆是，我都细心观察，认真记录。

通过一段时间对小 A 的了解，我也总结出两点心得体会：第一，这样的孩子更需要爱，利用爱心滋润孩子的心田，时时关注孩子的言行，了解他内心的需求和行为动机，掌握心理特点，允许他暂时犯一些错误，通过细小的发现，来制定过程目标，这样孩子才会慢慢地进步和成长，不能急于求成；第二，持之以恒地运用行为矫正技术对孩子的点滴进步反复强化，积极关注孩子，发现点滴优点，呵护特需心灵，因为往往这样的孩子更需要被认可。

孩子的问题行为不是一天两天形成的，自然也不会在短时间内消失。因此，教师要做好打持久战的心理准备，耐心等待，积极引导。希望小 A 能感受到我带给他的一缕温暖，感受到我对他的关注和尊重，希望他能够越来越好。

林中那片别样的绿叶

▍西中街小学优质教育资源带　钟朝霞

我是一名小学教师。每当和朋友们聊天时，他们都会用羡慕的语气说："你能实现自己的理想，从事一份自己喜欢的工作，是多么幸福的事啊！"的确，我发自内心感到幸福，这种幸福是其他职业所无法替代的。

冬去春来，我送走了一批批毕业生，迎来了一批批新学生。正是他们让我的教育工作更加丰富多彩。在陪伴班级中特需学生成长的过程中，我也得到了成长。

一、留心观察，了解情况

记得有一年，我接班前就对班中的小 T 同学有所耳闻。小 T 是一个比较特殊的学生：从小被爷爷奶奶溺爱，自控能力差；总是以自我为中心，极其任性、懒惰；不会用正常的方式与别人交往，只要自己不满意就会大哭大闹；每节课都要出几个"事故"来引起师生的注意，无组织无纪律，常常不完成作业……

接班以后，我发现：他上课总是不认真听讲，不是打扰同桌学习，就是影响后面的同学，甚至波及较远的同学；实在没人理他了，就自己在下面做小动作，或不高兴、耍小性；课堂作业完不成；一到下课就开始找找这个同学、找找那个同学，不是追跑就是躺地。等我找到他了解情况时，他不是满不在乎地不承认错误，就是嬉皮笑脸地说不知道，总是振振有词地说："我以前就这样""我在家就这样"。面对他，作为新任班主任的我深感肩上的担子很重。我不仅要对他负责，还要对班中的其他学生负责。我要拿出足够的耐心和爱心来关爱他，帮助他端正学习态度，确立正确的是非观念。

二、用心考虑，制定目标

遇到这种学生，有经验的班主任老师首先要深入地了解有关他的“故事”，其次通过教师敏锐的洞察力来观察他的各种行为，并结合现状制定近期个别教育目标，做到一生一案。

首先，端正思想。从他的口中经常听到“我以前就这样”“我在家就这样”，我就想得让他知道学校与家的区别，学生是要遵守纪律的。每当他大哭大闹时，总是想让爷爷来接他回家。于是我坚决地表明，无论你如何哭闹都要等放学才能让家长来接，断了他的念想。

其次，不能躺地。小T只要有一丁点儿不满，就会躺在地上大哭、打滚、踹来踹去。我考虑到躺在地上对身体不好，也不能解决问题，哭一哭也许能让他排遣心中的不满，就允许他大哭，但有一个要求，不能躺在地上哭。因为已成习惯，所以有时要强制执行。

再次，坚持上好每一节课。他上课总是不认真听讲，打扰其他同学，我要求他在上课时可以做自己的事，但不能影响老师讲课和同学学习。

最后，按时完成作业。写作业是学生的职责，也是对所学知识的应用与反馈，所以要求他认真对待。

小T是一个非常聪明的孩子，只要他认真听课，对于知识的领悟和理解都会非常透彻。鉴于这一点，要想改掉他的陋习，树立正确的学习态度成为关键。

三、潜心努力，重在过程

1. 上课，坚持上好每节课

教师的天职就是用心爱着每一名学生，用心上好每一节课。

新学期一开始，看似随意地为小T安排了一个座位，其实我大费苦心：要安排第一排位子，周围是比较守纪律的学生，同桌是小干部，并且诚实善良有责任心，能及时提醒他，还能帮助他。

一开始的那几天，上课时他歪七扭八地坐在座位上。为了不影响其他同学，我会看似不经意地走到他跟前，用手轻轻地扶正他的身体，用期待的眼神鼓励他坐好。这时他很兴奋，坐得笔直。我赶紧面带笑容地对着全班说："上课的时候大家都坐得非常好，尤其是有的同学进步非常快。"说完我便把充满期待的眼神停留在他身上。这时他会手背后，精神焕发地坐得更加笔直。有时只要他举手回答问题，我都会给他机会来回答，令他的表现欲得到满足。可过不了多久，他的老毛病又犯了，不是做小动作就是招惹别人，不是打断我的讲话就是说一些他想说的或发出点奇腔怪调，我便用严厉的目光制止他，他也就收敛很多。

一学期下来，每节课他基本上能坐在自己的位子上听课、回答问题，并按老师的指令去做了。

2. 课间，委以重任不犯错

在纠正小T不良的上课习惯的同时，对其课间的管理也得紧紧跟上。于是我让他负责班里的财产和课间的安全。让他在课间负责提醒并监督同学们，不要追、跑、打、闹，破坏公共财产。

小T非常热心，爱劳动。只要同学遇到麻烦，我都会让他去帮助；哪儿不干净了，就让他去打扫。在年级卫生评比中，只要班里获得流动红旗，我都会奖励他一朵小红花，这极大地调动了他的积极性，每天总能看到他主动帮助同学扫地、擦地、擦黑板的身影。

3. 家中，保质保量做作业

我知道小T从小跟爷爷奶奶住在一起，老人们对他疼爱得不得了，事事都顺着他。再加上他从小身体就弱，动不动生病，家长也很心疼。

鉴于这些，父母也不敢严厉管他。

我把为小T制订的教育计划告诉了他妈妈，希望在某些步骤上得到家长的配合。他妈妈欣然应允。一开始，每天放学时我都检查他的作业是否抄全，并在作业本上签字，每天都将他在校的表现与家长交流。回家做的作业让家长给他检查，有错误的及时改正，然后再让家长签字，第二天给我看。就这样，学校、家庭、老师共同配合，他自觉了不少。一个学期下来，他几乎改掉了不完成作业的毛病。大家都知道21天能够养成一个良好的习惯，但是对于特殊的学生，老师们要更加用心付出，要花费一个月、一个学期、一年甚至更长的时间来帮助他、改变他、感化他。

四、真心感动，亦在提高

在短短的几个月里，作为班主任的我从教与学的过程当中收获颇多，看着小T灿烂的笑容，听到他清脆悦耳的问候声，从内心感到慰藉。因为家长的积极配合，因为他的明显进步，也因为我们心与心的沟通……今后的路还很长，还会出现很多新的问题、新的困难。面对这些，愿我们共同努力，让他健康成长！

在陪伴小T的日子里我也深刻地认识到，在教书育人的日常工作中，我只有俯下身子，多一分思考，多一分责任，才能用我的全部爱心令每一片绿叶都鲜嫩滴翠。

唤醒孩子们的感恩之心

▍西中街小学优质教育资源带　郑继红

学生的成长离不开集体的影响，教师的教育也在集体中进行。我们要了解孩子心灵的成长和身体的成长一样需要均衡的营养，教师在面对学生出现的一些极端问题的时候，要冷静思考、分析原因，从情感上去引导和教育。

接手这个班的时候，我发现班中有几个特需学生性情急躁，不能与同学正常交流，事事以自我为中心，常常为一点小事跟同学大打出手。由于特需学生的出现，整个班集体如同一盘散沙，极不团结。这个问题困扰了我许久。

在一次大课间，大L同学在上前交作业的时候，不小心把小L的铅笔盒碰掉在地上。这时小L就大叫起来："你为什么把我的铅笔盒碰掉了？"大L也毫不示弱地说："我又不是故意的，你冲我嚷什么？"小L气冲冲地说："我也把你的弄掉。"说着就把对方的铅笔盒扔在地上。两人互不相让，直至大打出手。我闻声赶到教室，发现满地狼藉，学生争相向我汇报情况。我真是气不打一处来，但转念一想，先冷静后再说。我先让学生们坐好，并让他俩自己把残局收拾好后，把二人叫到办公室问原因。我问小L："为什么这样？"他说："谁让大L把我的铅笔盒碰掉了。""我又不是故意的，我没有看见。"大L马上接过来说。两人各说各的理，谁也不肯退让一步。我努力克制自己的情绪，心平气和地说："你们现在先想一想自己的过失，有什么地方做得不对，给别人带来了什么伤害。”开始两人相持，谁也不肯认错。最后小L说：“我不应该把他桌子上的东西都推到地上。”这时大L也承认了错误。

这场风波平息了，但是它给我留下了深刻的思考：是什么原因使得孩子们做事情只考虑到自己的得失呢？事后，我进行了家访，与家长进行了沟通，发现大L的父母平时工作很忙，没有时间管孩子，在教育孩子的过程中非打即骂。不用多想，孩子是很会模仿的，日子久了就形成现在的表现。我想这就是问题背后的原因吧。小L的家长以前对于他的要求就是成绩好就可以，其他的事情都由着孩子的性子。可现在孩子大了，在家中若有不如意的地方，就与家长进行对峙，更不用想为家长做些事情了，家长也无计可施。

回来后我认真分析了原因。首先，现在的家庭多数是独生子女，家长的溺爱使学生养成了以我为中心、唯我独尊的性格，做事只凭自己的兴趣，从不考虑别人的感受。其次，家长的素质及文化水平也在某种程度上促使学生形成这种性格。如面对孩子的错误，家长非打即骂，没有好好地引导教育，久而久之，在孩子的意识中养成了遇到问题用拳头来解决的不良行为习惯。最后，综观身边的家长，更多的是把着眼点放在了孩子的成绩上，常常忽视了做人方面的教育。

朱小蔓教授曾说过，要学做一名有情感的教师，学做一名有人格智慧的教师。是的，我们每天面对的都是一个个活生生的个体，他们需要老师的爱和关注，更需要老师的引导和培育。

一、重视感恩教育启蒙，开启学生的感恩之心

孩子的心灵是一块奇异的土地，播上思想的种子，就会获得行为的收获；播上行为的种子，就会获得习惯的收获；播上习惯的种子，就会获得品德的收获；播上品德的种子，就能得到命运的收获。因此，我非常注重利用各种场合或时机在学生的心底播种善的种子，让学生

逐步形成正确的世界观、人生观和价值观。正如南宋思想家吕祖谦说的："意在于善，凡所遇者，皆养吾养之善；意在于恶，凡所遇者，皆养吾养之恶。"世界需要和谐，生活需要温情。

我让学生每周至少要读一篇古人孝顺父母的文章，使其能够从思想上领悟什么是感恩，并且给其专门的时间来进行交流。《黄香扇枕温衾》《江革行佣供母》《姜诗涌泉跃鲤》的故事学生能够朗朗上口。我让学生谈一谈从这些故事中学到了什么，因为只有从思想上产生了感恩的念头，才能够从行为上来要求自己。

二、实现"感恩"教育的知行合一

学生的品德往往通过言行加以体现，光说不做达不到预期的目标。要让学生在具体的真实的生活环境中去活动、去体验，逐渐形成正确的道德认识和良好的行为模式。

一是经常问候，让父母舒心。古人云："言为心声。"语言是一个人内在思想、情感的外在体现。学生作为晚辈，对长辈父母如何表达才称得上是尊重、有礼？俗话说："良言一句三冬暖，恶语伤人六月寒。"为此，我鼓励学生坚持开展家庭"感恩"活动，经常对父母说说体贴或感激的话——"爸爸您辛苦了""妈妈，您做的菜真好吃""妈妈的发型真好看"等；还建议学生经常跟父母谈心，交流思想感情。特别是在妇女节、母亲节、父亲节，可为爸爸妈妈等长辈制作"感恩"卡，如生日卡、节日卡等，写上一句祝福的话。

二是少说多做，让父母省心。一个孝敬父母、尊敬长辈的行动，哪怕是一个微不足道的行动，也比那些美丽动听的浮泛语言强千百倍。我们在一天天长大，而父母在繁杂的家务及工作中一天天衰老，让我们为下班回家的父母倒上一杯茶，给妈妈洗洗手、洗洗脚、梳梳头、剪剪指甲……尽自己的一份"孝"心。针对班中有些学生的父母做小买卖的情况，我为学生布置一项作业——休息时跟父母上一次货，以体谅父母的辛苦。

三是谈体会写感受，让父母放心。每天我都会抽出一些时间来让学生谈一谈自己为父母做点事后的感受和心情。有的学生说：“我为妈妈洗头的时候，发现妈妈头上的白发已经长了很多，这不正是她为我们操劳的写照吗？”有的学生说：“那天我为妈妈洗手时，我惊呆了，我以为妈妈的手和我的一样光滑，但是，当我看到了她手上厚厚的茧，我想那一定是她做家务时留下的。”……我让学生将自己的感受写成了小卡片，送给父母。孩子们在卡片中表达了自己的决心。

四是共同评选，让父母悦心。开展一系列活动后，孩子们的言行、举止与以前相比明显不同了。家长们反馈孩子比以前懂事多了，计较的孩子变得宽容，自私的孩子变得大方。我开展不记名记分，并且让家长积极参与，把学生在家中的实际情况通过表格的形式记录下来并给予打分。我把成绩进行汇总后，评选出班中的“礼孝”好学生，当众发奖并向家长进行反馈。

通过“感恩”系列化教育，孩子们开始感谢父母的养育之恩，感谢老师的教育之恩，感谢朋友的帮助，感谢同学的关心……“谢谢、不客气、我来帮助你……”这样的语言多了，整个班中和谐友爱的氛围越来越浓。孩子们进一步懂得了“感恩”不仅是一种情感，更是人生的一种境界。只有当一个人对社会、对父母、对亲朋好友永存感恩之情、永怀感恩之心，才能从各个方面获得更大的情感回报。

用赞扬打开学生的心扉

▌西中街小学优质教育资源带　李云飞

一、背景描述

在我所在的低年级校区有这样一个特殊的学生——小薛。他思维灵敏，口头表达能力很好，上课时能积极发表自己的见解，说话声音洪亮；但他上课时常不遵守纪律，一有机会就跟周围的同学讲话，还不受控制随意下位子，不但耽误了自己，还影响了同学，每个科任老师都会向班主任告状。他机灵，鬼点子多，因此在男同学中有一定的威信，他们班中有七八个学生成了他的“忠实部下”。下课后他经常带着一些同学到处疯玩，登梯爬高，还常常跑得满头大汗才进教室。一年级时小薛就因为破坏校园公物被学校保卫干部领到德育处接受教育。

小薛状况不断，受批评成了他学校生活的一部分。而小薛妈妈在交流过程中一直眉头紧锁表现非常无奈，小薛爸爸不太配合，态度强硬，这也对改变小薛的现状造成了一定的困难。

二、分析、解决问题的过程

1. 用爱心、耐心、细心、包容助他健康成长

作为德育老师，我把小薛拉到身边搂着他说：“李老师特别喜欢你，你愿意做我的小助手吗？”这下可不得了，一下子打开了他的话匣子，一个劲儿问我：需要我帮您做什么？还不停地把他所有的兴趣爱好都告诉了我。

2. 发现闪光点鼓励特需学生做主人

小薛越来越亲近我了，这天在听广播的时候，突然楼道里传来响亮的歌声，我刚要上前看看是谁，正准备批评教育，一看是小薛，我立刻改变了策略，就问他：“你是不是特别喜欢唱歌？你的声音真好听，能不能来李老师的广播室唱？愿意不愿意做一名小广播员呢？”他看着我，原以为我会大声批评他，一听见我这样说，微微低下头，不好意思说：“老师我错了。”孩子当天认真和我承认了错误，说以后一定会专时专用，不偷偷跑外面唱歌了。第二天中午我刚吃完饭，听见办公室外喊“报告”，打开门一看是小薛，他第一句话问道：“李老师我今天能做广播员吗？”我被小薛的话惊呆了。看来昨天的对话让他动心啦！瞬间我接过小薛的话说：“你行吗？”小薛说：“我行！”抱着试试看的态度，我给了他一段文字，让他念给我听。令我惊讶的是，孩子把文章流利并有语气地朗诵了出来。当时我就和他说：“这周广播员就是你了。”小薛听到这里开心地跳了起来。在接下来的一段时间里小薛同学和我更默契了，不管在哪里遇见，只要我们俩人的目光对视了，小薛都会给我会意一笑。

小薛第一天广播后，我陪着他回班级，刚一进班，同学们就为他热烈鼓掌。小薛的脸上也露出了久违的笑容。担任广播员后，我越来越少听到任课老师给他告状了，因为小薛知道要通过自己的努力改变同学对他的看法。

3. 家校共育促成长

班主任老师逐渐领悟面对特需学生的方法策略，即在赞扬中打开孩子的心扉。这天放学正赶上我值周，看见小薛妈妈主动上前与班主任打招呼并询问孩子的在校表现，老师抓住时机对孩子大加赞赏。此时此刻小薛的表情很有趣，有几分得意，也有几分自豪，我很明显地感觉到他内心的快乐。他妈妈也主动把孩子最近在家的表现和老师进行交流，达成很好的家校合作的效果。

三、经验和反思

在教育的过程中，教师的作用应该是“正强化”和“催化剂”，不管是班主任还是任课教师，要善于反思、总结；要用心观察孩子的闪光点，对其进行表扬，让孩子能够感受到教师对他的信任和期待，从而促使其改正缺点。学生受到的表扬越多，对自己的期望就越高，学习也就越努力。总之，教师要坚持正面教育，坚持利用学生的积极心理教育学生，促进学生发展，成为学生的良师益友……

作为一名教师，既要抓住学生的教育契机，又要及时用得当的方法和家长进行沟通交流，达成教育的一致。面对家长时，对学生的表现加以肯定和赞赏，学生也会从老师的评价中认识自己，体验到成功的愉快；而家长当听到来自老师对孩子的夸赞后也会快乐，并把这种快乐传递给孩子，还会带给孩子积极进取努力前进的动力和信心，从而达成良性循环。

时代在进步，社会在发展，在平时的工作中，我们不可避免地遇到特殊儿童和特殊家庭。对于这部分学生的转化是我们德育工作者和班主任工作的重要组成部分，要学会赏识教育，用欣赏的目光面对学生，用欣赏的语言赞扬孩子，我们的工作一定会有不一样的呈现。让我们为打造阳光教育而努力，用赞扬打开学生心扉。

做一名幸福的教师

▌西总布小学　张靖延

国学大师王国维以宋词示之：自“昨夜西风凋碧树，独上高楼，望尽天涯路”之明向，至“衣带渐宽终不悔，为伊消得人憔悴”之求索，至于“众里寻他千百度，蓦然回首，那人却在灯火阑珊处”之终有所获。此乃福之师者三境也。

2017 年 9 月，我加入西总布小学成为一名语文教师，开始了我的教育之路。以前我经常会三省吾身，特别是在迷茫的时候，我经常问自己：我到底从老师那儿学到了什么？我的答案是：老师教会我们知识，让我们不会迷路；教会我们思考问题的方法，为我们今后的人生打好基础，让我们在这世界中找到一条适合自己的路；教会我们做人，认识世界的真实，帮我们建立自己的精神大厦，让我们在纷繁的世界里坚守自己的本分，努力实现自己的人生目标。为此，我毅然决然地选择做一名教师，让自己也能够发光发热。

能和同学们一起成长，是我这辈子最幸福的事情。而因为和他们的相遇，让这份幸福又多了一份苦涩，但我相信，苦尽总会甘来。

西总布小学的“融合教育”让我更加关注学生的实际获得，更让我能够幸运地遇见他们：小宇、小明、小衿和小然。他们都是随班就读的学生，都会有这样或那样的困难与问题，我想和大家分享我与他们之间的故事。

一、爱心和耐心将是一切问题的最佳良药

小宇长得帅，成绩优秀，但是沉默寡言，不爱与人交往。没错，他是个患有自闭症的孩子。

这世界上有很多疾病是无法根治的。面对这些特殊的学生，教师的立场和态度就显得尤为重要。要想为这些学生打开属于他们的“蓝天”，就要求我们更加地富有爱心和耐心。

班主任孟老师已经和小宇相处了两年多，经验丰富的她在大家入学伊始就营造了非常好的班级氛围，让同学们都能够以正确的眼光看待小宇，和他做朋友；在小宇的座位四周安排各方面能力较为突出的小干部，无论是日常生活还是外出活动，都有同学能够多照顾着他。老师和同学们在学习、生活中给予他更多的爱，让他有更多的机会展示自己，即使他做得不好也不训斥他，而是给他多一些耐心，慢慢引导。

现在小宇已经三年级了，和普通的孩子几乎毫无差别，聪明又可爱的他不会让人想到他是一个患有自闭症的孩子，我想这真的是一个奇迹。

二、多方合力仍是解决困难的关键钥匙

小明患有注意力缺陷多动障碍，经常上课走神，检测题做不完，作业写得慢……

从一次单元检测中我发现，对于字词、句子以及一些需要简单理解的题目，小明掌握得非常好，比如看拼音写词语、组词以及阅读题中的从文中找出合适的词语等，甚至比普通同学完成得都要好，但是对于需要更多思考和理解的题目，就完成得不是那么尽如人意，有时甚至是空着。

我曾经想过把小明的教学目标调整为只要求他认识与会写书本中的字词，但很快我又否定了这个想法。因为从他的卷子上可以看到，

小明有学习的热情，有基本的理解能力，通过一定的努力能让他变得更好。身为教师的我，怎么能先放弃呢？

为此，我召集各方人员（小明的家长、班主任、支持教师、个训教师）针对小明的情况商议对策，形成教育合力对他进行个别辅导。在语文课上，除了应掌握的字词等基础知识外，我要多给他提供读书与回答问题的机会，以读书带动表达与理解的能力，以回答简单问题期待量变到质变。各学科教师在课上多提醒小明集中注意力，课后对小明的作业进行辅导，帮助他理解题意。个训教师则负责收集语文检测中出现的各种复杂题目，利用个训时间帮助小明进行理解。家长负责帮助小明巩固字词、句子的理解与写作，以此提高他的写作水平。

一个学期下来，全班同学见证了小明的变化。在数次口语交际与成语演讲中，小明能够站在讲台前向 30 多位小观众脱稿演讲；能够在课上完成一篇令人惊艳的作文，登上班级“语文展示墙”；期末检测中，小明完成了一份调整后的卷子，并取得了 97 分的好成绩，在“阅读与写作”中的表现更让人眼前一亮。

看着小明能够在自己的能力范围内不断进取、不断突破，作为他的语文老师，我真的为他高兴。

三、全力以赴终会让学生学有所得

要说病症的表现，小衿是最为严重的。我从各方了解到她的情况：智力发育迟缓，基本不具备写字与理解的能力，上课经常会乱喊乱叫……

面对这样的孩子，我有点手足无措，不知道该如何去教。但是王欢校长的那句话——“他们以后也是要独自生活的”点醒了我。是啊，回想起来，老师教给我的是什么呢？正是独自面对这世界的能力呀！所以我决定全力以赴，让小衿得到她应有的提升。

为此，我每节课都会找出一些生活中常用的生字，让小衿认读，为以后解决她生活中遇到的实际问题做好铺垫。记得有一次，我拿着“低”字的生字卡片，让小衿认读。结果小衿没有认读，而是做了一个低头的动作。她用这种方式告诉别人，她是具有理解能力的。她认识了“低”字，理解了低头的动作，并能够将这个动作做出来，我想这是我们最应该关注的学生的实际获得。

教导小衿的过程让我如获新生。我开始研究如何让小衿发展她的理解能力，并予以运用。在多位专家与前辈的指点下，我开始研究和使用各种只针对她的教具。

在一次“语文园地”的学习中，其他同学要根据语境，将同一个字组成不同的词语填进句子当中。小衿的目标是区分和选择同一个字组成的不同词语。为此我给她打印了“花钱”“花衣服”“花朵”“老花眼”四张图片。小衿能够将对应的图片挑选出来，并大声地告诉大家：“是这个！”那一次，她获得了全班同学的掌声。

除此之外，小衿还对古诗有着浓厚的兴趣。在期末考试中，小衿能够独立、流利地背诵两首古诗，特别是背诵完《小儿垂钓》后还说了一句：“不要打扰小朋友，他的鱼会跑！”这句话深深地印在我的心里。她微小的进步，在我心里如同繁花盛放一般闪耀。

四、建立自信终助其绽放美丽人生

小然是一名品学兼优的学生，但是离开了人工耳蜗，她听不到这世界上的任何声音。因此，她的听、说、读、写等各方面都存在一些问题。

经过两年的努力，小然的情况已经有所改观。现在的小然可以抓住每一次朗读与演讲的机会，尽自己最大的努力把音量放大，把字音读准，把句子读通顺。我想这和同学们给她的尊重与关爱是分不开的。她的写作比以前更好了，只要稍加指点，便会写出一篇美好、感人的文章。她学会了用笔记录和书写那些只属于她自己的感动。

以前，小然的个训时间都在音乐课上，这不禁引起我的思考：难道她的世界里就应该没有音乐吗？我想并不是。在和学校领导、小然家长等进行沟通之后，我们变更了小然的个训课时间，让小然能够上音乐课。尽管别人问她："小然，你喜欢唱歌吗，喜欢上音乐课吗？"她只会说："我唱歌跑调……"但是音乐老师告诉我，小然的音乐课学习得非常好，也开始张嘴唱歌了，而且唱得也不错。我想，这就是一种爱。记得在一次练笔作业中，我看到她这样写："我喜欢弹吉他，这让我变得十分自信，我想学好弹吉他，长大以后我要让更多的人都爱上弹吉他！"

这就是我遇见的四个小天使，是他们让我体会到做一个教师的幸福，他们的幸福也是我的幸福。虽然他们有这样或那样的缺憾，但只要我们关注他们的实际获得，给他们多一点爱心与耐心，调动资源形成教育合力，全力以赴寻求解决方法，终有一天他们会撑起自己的那一片蓝天。

理论研究

以美育人　让随读生的世界充满色彩

▍东城区安外三条小学　杨　博

美育，可以有效地净化心灵、陶冶情操，可以积累审美经验，提高审美鉴赏力，培养想象力，发展创造性思维。由于随班就读学生存在生理或心理缺陷，相对于普通学生而言接受能力、迁移能力较差，他们有或多或少的自卑感，往往是班级中的弱势群体。其实这些孩子是最需要我们关注的，尽管他们与正常孩子的学习水平相去甚远。作为一名教师，为帮助随读学生树立自尊心和自信心，培养和发展他们的智力和能力，使他们的个性和谐发展，教师要因材施教，一视同仁，将每个随读生当作自己的孩子，给予他们一个宽松、愉悦的学习环境。在班级中，要教育全体学生不要歧视随读学生，对他们献出爱心，给予他们热心的支持与帮助。“随风潜入夜，润物细无声。”教师要用爱心、耐心、恒心去滋润随班就读生，让他们的天空更加绚丽多彩、精彩纷呈。

一、通过美育增强自信心，提高随读生的心理素质

美育，就是通过形象熏陶、启迪、感染学生，在潜移默化中影响学生的性格。通过渗透美育，提高学生对语文课的兴趣，以美求真，以美激情，以美育人。随读生自信心不足是通病，由于信心不足，他们在学习上往往知难而退，很多时候以自己能力不够、不会做等为借口而放弃努力。因此，如何有针对性地增强随读生的自信心，培养随读生的交往能力，越来越受到特殊教育工作者的重视。我在平时教学

中发现：由于随读生的起点低，当他体验到一点点的成功时，就会喜形于色，平时再多一些鼓励，增强他们的自信心，就会使他们不断进步。

例如，我们班的小A同学在学习上一遇到需要动脑筋的问题或稍微有点难度的作业都会选择性放弃，具体表现为离开老师和同学的帮助就寸步难行。我在课后充分发挥心理咨询室的作用，根据小A的心理特点和实际情况采取相应的心理辅导，消除他的自卑、焦虑，增强他的自信心，从而提高他学习的积极性。在课堂教学中，我也尽量为他创造参与活动的机会，凡是他愿意并且能够回答的简单问题，总是优先让他回答。如：读对一个生字、分析一个简单的字形，读对一个句子，回答一个简单的问题等，只要他说对了，同学们就掌声鼓励。接下来我便抓住小A的闪光点，不断激励他，使他有信心提高学习成绩。这样做不但激发了他的学习兴趣，还坚定了他学习的自信心。

列宁曾经说过：只要愿意学，就一定能学会。教师必须坚信随读生也是可雕之木、可塑之材，再用这种自信心去感染他们、教育他们，让他们树立起自信心，然后一步一个台阶地扶着他们走自己的路，让他们投身到集体之中。教师在评价时，再多一些鼓励，会使他们备受鼓舞，树立自信心。

二、建立帮扶小组，提高随读生的社交能力

将美育渗透到教学活动中，让学生在轻松活泼、生动有趣的环境中享受学习的乐趣；学习的同时获得美的感悟，受到美的熏陶，完善自我。

随读生自信心不足、人际交往能力差，欠缺交往机会。冰心曾说过：情在左，爱在右，走在生命的两旁，随时播种，随时开花。例如，我发动、引导同学都来关心小A，让他孤独的心感受到集体的温暖，让他明白在这个世界上他并不孤单，他还有许多的朋友。为了使小A

顺利地随班就读，我利用班会时间开展“学会尊重”的讨论和伙伴互助活动。看到小A读书很困难，有的同学就和他一块儿读，纠正他的错误，帮助小A掌握正确的发音；看到小A写作业有困难，有的同学就主动帮助他查找资料；看到他背书很吃力，同学们不厌其烦地一遍又一遍地教他，直到基本背对为止……在大家的帮助下，小A的思想、学习、体育等方面有了很大改变，他变得活泼了、爱说爱笑了，可以同正常孩子一起学习、一起活动。良好的教育环境改变了他孤僻的性格，使他健康成长，同时提高了社交能力。

三、融入班级，增加凝聚力

在我们日常开展德育工作的过程中，往往过多地依赖于说教，教师常常告诉学生应该做什么、不应该做什么，但学生由于缺乏感性认识和内心的感触，也就缺乏内心的共鸣，收效甚微。我想让随读生融入班集体中，更想让班级的孩子们学会包容、团结，于是在班中组织开展了“和谐友爱”主题班会。班会中我讲述了小水滴的故事：小水滴的力量单薄，无法抵御强烈的太阳光，很容易被蒸发掉，但回到大海就不一样了。那里有无数的小水滴，它们紧紧团结在一起，共同抵御太阳光，所以没有那么容易被蒸发掉。通过这个故事孩子们认识到：一滴水，只有放进大海才不会干涸；一个人，只有融入集体，才能展现他的才华和生命的价值。在班级中发挥自己的力量，发挥集体的力量，努力地去思考，认真地去总结，体会到“集体的凝聚力”是多么重要。我们应该有一颗宽容的心，既然我们生活在这个大家庭里，就应该像一家人一样，相互宽容、相互理解。

在这堂课上，我并未对学生讲一番大道理，而是让学生亲身体验。这样的体验式教育比简单的说教更管用。我们可以让学生在情境中潜移默化地受到教育，从而达到“润物细无声”的效果。

四、有效利用资源教室，实施个别化教育，挖掘潜能

资源教室是在普通学校或特殊教育学校建立的集课程、教材、专业图书以及教具、学具、康复器材和辅助技术于一体的专用教室。我校教师充分利用资源教室，并对随读学生进行详细的分析，制定出一套适合他们发展的个别化教育训练方案；并合理安排训练课程，对随读学生实施潜能挖掘的教育与强化补偿训练，并做好每节课的训练效果记录和总结；同时根据家长需求进行教育策略指导。我校确保随读生与普通学生一样享受平等的优质教育。

我校教师充分发挥资源教室的功能，为随班就读学生进行个别化教育训练。例如，箱庭疗法：由专职心理老师陪伴随读生，在盛有细沙的箱子里任意摆放玩具，进行作品创作，在陪伴与倾听的过程中，充分尊重、理解他们的个性，帮助他们理清思绪，实现自我成长，为他们的康复提供心理上的援助与支持。音乐疗法：通过音乐和谈心咨询的配合，激发学生的想象力，使其获得真善美的体验，有助于其释放和控制不良情绪，同时抚慰受伤的心灵；对学生存在的心理问题进行有针对性的心理健康辅导，帮助他们树立自尊心、自信心，塑造健全的人格。观察、动作训练：通过学生实践操作，提高学生注意力，进行思维训练，提高他们的认知能力和思维能力。电脑益智训练：在电脑软件的支持下，学生通过电脑屏幕的提示，进行相应的练习；通过练习，学生进行音乐、美术、图形、语言、逻辑思维等全方位的训练，为全面发展提供可能。

五、走进教材，体会人文精神，激发学生追求高尚品质、精神美

小学语文教材所选课文有的琅琅上口，洋溢出韵律美；有的浓墨重彩，描绘出一幅景观美；有的满怀深情，歌颂出一种人文美。特别是古今经典名篇，无一不蕴含着美的成分，无处不闪烁着美的光芒。因此，我们应该引导学生进行品味和欣赏，从而感受美的熏陶，增强

美的享受。例如，在教授《夜莺的歌声》一课时，课前我让学生做预习笔记，查阅书籍或上网搜集与课文相关的资料、图片等。课上我会问学生：“看了这个题目，你们想知道什么？”学生提出了许多问题，例如：夜莺是谁？为什么叫它夜莺？文中讲的是一只什么样的夜莺呢？夜莺唱歌给谁听？作者为什么要写夜莺的歌声？这些问题可以有效引导学生自读课文，把握文章的主要内容。课堂上的交流加强了学生的情感教育，使学生学习苏联卫国战争中少年儿童的机智勇敢和爱国主义精神。我做教师一直坚持的原则就是不放弃任何一个学生，力争每个学生都能在明媚的阳光下努力学习、快乐成长、感受幸福、拥抱成功！而我则努力做那最明媚的阳光。

总之，我们要在教学中善于挖掘美的因素，重视美育渗透，生动而充分地展现课文的思想意境美、艺术形象美、语言结构美，让学生在美的享受中获取知识、陶冶情操、净化心灵、升华人格，从而培养欣赏美、创造美的能力。随读生随读的原因各种各样，老师要针对不同个体的特点给予他们最贴心的帮助，发现他们的闪光点，给他们一个展示的平台，让他们感受到大家庭的温暖，让他们感受到老师的爱心；同时要取得家长的信赖与支持，家校合作。和风细雨润心田，教师需要用慈母般的爱心去消除随读学生的畏惧心理，提高他们的自信心。只要给他们阳光雨露的滋润，他们就会茁壮成长，充满自信地迎接五彩缤纷的明天。

建立“共情平台” 帮助有特殊需要的学生融入班级

▌东城区和平里第九小学、第三小学深度联盟校　林　萍

我的班级是普通小学中的融合班级，共有 37 名学生，其中 1 名为有特殊需要的多重障碍学生。其就诊经历为：二年级时智力测试为“47”，三年级时确诊为“重症肌无力”。该学生入学时经常出现突然大哭、拍击桌子、简单的语言攻击他人等不良情绪和行为。这些情绪和行为不仅影响到其他学生的学习生活，而且有可能会危及自身及他人的安全，严重地影响了学校的教学秩序。所以，在班中进行养成教育不能急于求成，而是采取适当方法逐渐养成。

一、问题的提出

（一）低年级融合班级的基本特点

1. 多重障碍学生的特点

多重障碍是指人的生理和心理发生两种或两种以上的失调情况。多重障碍学生是特殊教育领域中最特殊、最困难的群体之一。与单一残疾儿童相比，这一群体最显著的特征是：残疾情况复杂、残疾程度普遍较重、残疾种类不同，造成个体差异巨大。

首先是社交互动问题。班中的这位有特殊需要的学生几乎不与他人交往，往往独自玩；自己拿他需要的东西，不与人交流；没有主动的语言，绝大多数是刻板的或无逻辑的语言；叫他名字虽然有反应，但不会主动表达；可以进行跟随指示，但不会用语言进行动作描述。

其次是行为问题。班中的这位有特殊需要的学生脾气很大，常常

发作；不知道如何玩玩具，有时出现过动、不合作或反抗行为；听觉比较敏感。

这些都是最需要融合班级的班主任和各位任课教师理解的。

2. 有特殊需要的多重障碍学生的融合班级的特点

有特殊需要的多重障碍学生，往往是班主任老师最难把握的一类学生，因为他们的特性决定了他在这个班级中几乎没有集体的概念，不能很好地与其他学生融合；较随性的自我性活动往往严重扰乱正常的教学活动；动作计划性差，不理解集体活动的意义，没有集体约束能力，不能参与集体活动。

（二）共情平台

共情平台是在有特殊需要的多重障碍学生班级中进行养成教育的基本组成部分，是所有有特殊需要的多重障碍学生班级工作的根本点。

在班级活动时，我们往往运用音乐背景治疗，对学生进行心理疏导。在学生情绪很不稳定的时候，结合课堂教学内容放一些舒缓的特定音乐来释放学生的不良情绪。例如，教学的时候我们会播放《听蝉》《TREE》等节奏缓慢的歌曲，且调到特定的分贝使音乐在似有似无中徐徐响起。这样，就能令所有的孩子在课堂中保持良好的心境，而有特殊需要的多重障碍学生在这种整体平静、积极的课堂中，绝大多数时候能保持良好情绪。在生活管理中，我们让自己面带微笑，采用有特殊需要的多重障碍学生可以接受的视觉平台“结构化任务表格”来安排班中的工作。例如，每天当多重障碍学生一进入班级，就发给他一张图文并茂的表格，引导其进行基本的养成活动。以下就是我们班中有特殊需要的多重障碍学生的养成教育结构化表格，完成一项，班主任老师就引导他标记好，并根据达成任务的情况进行“代币制”的正强化，直到本日所有的任务都完成。这样，他就能达到最基本的心理安全。

有特殊需要的多重障碍学生任务表

任务
1. 找到自己的座位，放下书包。
2. 与周围同学、老师打招呼。
3. 在同学帮助下拿出作业。
4. 在自己的座位上看书、涂鸦，听同学早读。
5. 完成上午 4 节课，不随便下座位，不大叫。
第一节
第二节
第三节
第四节
6. 课间在老师的帮助下喝水、上厕所，不大叫。
第一课间
第二课间
课间操时在老师的帮助下做力所能及的活动，不出队。
第三课间
7. 在老师帮助下自己吃午饭。
洗手
等待同学帮助拿饭
自己吃饭，不用手抓
等待同学帮助扔饭盒

注：此表格为上午活动任务，每两周会根据孩子的适应程度、课程和学校上课时间进行调整。

当然，平时在他情绪平稳的时候和他拍拍手，进行简单的身体接触；他情绪不好的时候带领他做一些疏导情绪的活动，确保班级中的其他同学不受波及。这也是建立共情平台的基本方式。

二、解决问题

（一）试验阶段

试验共分四个阶段，已经历时四年，已完成两个阶段，第三阶段正在进行中。

第一阶段，班主任老师联系家长，观察、调查班级所有学生特性。其中，对有特殊需要的多重障碍学生，采用下发调查量表、定期家访、参考就医测评等方式进行学生特性研究，并联系家长进行家庭环境分析。此阶段在入学开始进行，大约需要 3 个月的时间。

第二阶段，班主任老师结合班级中所有孩子特性，邀请家长一起了解班中其他孩子的基本情况。在多重障碍学生家长同意的情况下，在学校开放日和家长会上为其他家长简单介绍班中有特殊需要学生的阶段性特点（主要是双方有差异的地方），取得他们的理解，建立班级共情平台，达成一定的养成教育共识。在这一环节中，请有多重障碍学生的家长辅助孩子进行简单的家庭养成训练（每天按时起床、按时睡觉，晚上收拾书包，放学回家不发脾气，能在家长辅助下在固定的座位上完成家庭训练）。此为一年级到二年级训练活动。

第三阶段，在所有孩子基本融合的情况下，建立班级小干部责任制，发挥每个孩子的特点。每周有不同的小干部负责帮助多重障碍学生进行学习准备、课间活动、午间卫生，及班级一日生活制度养成管理。（此方法正在实施，从二年级开始已经历时三年，并将长期进行。）

第四阶段，我们的设想：孩子已经初步建立班级观念，可以服从班级中其他孩子合理的简单的一步指令，可以尝试进行班级自主管理，建立班级互帮小组。依然结合多重障碍学生有轻微刻板行为的特点，鼓励其参与简单的班级管理。在此阶段，因其三年级时确诊为“重症肌无力”，一直治疗并在家康复，上学时间无法保证，目前停滞。

（二）我们尝试的方法

我在班级管理中往往“忽视”有特殊需要学生的特性，先不把他作为一个有特殊需要的孩子，依照班级管理的养成教育方式“小步子、多循环”地进行培养，然后放大他的“特殊性”，请班中的每一个学生包容他，耐心地帮助他，最后争取同时间同步骤地进行各种养成教育。当然，这里面少不了与班中各位任课教师进行沟通，与全班学生的家长（特别是家委会成员）开诚布公地进行沟通。

利用该有特殊需要学生的偏好和动作来看他如何感受环境，结合班级常规养成教育进行引导。例如，午饭后休息时，其他同学在操场活动或写作业，他便在老师的帮助下慢慢整理同学们的餐具，以消耗他的体力，培养他爱劳动的好习惯。这在一定程度上为班级卫生建设发挥了一些作用，也为其他同学树立了劳动的榜样和“做力所能及事情”的心理建设。

触觉：由于他触觉不敏感，且家长受限于知识层次和康复经验，未关注其身体和心理的需要。我们在一年级刚入学阶段鼓励、引导孩子们在课间与他进行玩耍时，采用适当的压觉（紧紧地抱住手臂、腰部，握握手……），这样他非但没有感觉厌恶，反而多了些特殊的安全感，还在一定程度上训练他接纳其他的孩子。这给班级共情平台的建立打下了一定的基础。

听觉：教师（特别是班主任教师）经过长期观察，感受到该孩子过于敏感的听觉在哪里，再利用减敏感法处理。如果班中出现这位孩子过于敏感的声音，需要及时处理，安抚他的情绪。这样，班中所有的孩子也知道了“课间活动要轻轻的”“操场活动要静静的”“和他打招呼要温柔”等养成教育的培养点。

（三）取得的成绩

历经三年，该有特殊需要的多重障碍学生已经初步有了班集体的概念。在老师的教育下，他理解了少先队的意义。在老师的帮助下，全班同学都逐步地理解了其特殊的情绪和行为，并开始主动为他做一些力所能及的服务。所有的家长都表示自己的孩子在慢慢变化着。所有的任课教师也都可以较正常地完成当堂任务，并适当关注该孩子在课中的行为。以下是我们班级中的一些量表，从几个方面反映了三年来该学生在班级生活学习中的变化情况。

学生情绪稳定时间统计表
（结果仅限于该有特殊需要的学生在班主任上课后的测评）

有特殊需要学生	情绪失控（次 / 周）			与同学主动沟通（次 / 天）			备注
	第一学年	第二学年	第三学年	第一学年	第二学年	第三学年	
	20以上	5 ~ 10	*3以下	5 ~ 8	10以上	* 随时	有主动言语攻击人的行为 有拆班中板报的行为 有课上突然下座位趴到地上的行为

注：带 * 数字为每日上午的统计，因该学生需进行治疗和康复，每天上半天课。

学生情绪失控时间统计表
（结果仅限于该有情绪障碍的学生运用音乐背景的测评）

有情绪障碍学生	情绪失控（次 / 月）			
	第一学年第一学期	第一学年第二学期	第二学年第一学期	第二学年第二学期
	25 以下	20	15	15

注：因该学生需进行治疗和康复，每天上半天课。我班音乐课多在下午，所以没有三年级数据。

学生积极心理统计表（结果仅限于美工课后的测评）

有特殊需要学生	相信自己能够完成一整幅作品			相信自己能够不用老师帮助完成作品，并愿意展示			自己主动完成并很乐意让学生们评论		
	第一学年	第二学年	第三学年	第一学年	第二学年	第三学年	第一学年	第二学年	第三学年
	* ★	★	★	★	★	△	* ★	* ★	△

注：* 表示有主动言语攻击人的行为，否为★表示，是为△表示。

学生一日常规生活自理统计表

有特殊需要学生	自己整理书包			自己完成喝水、上厕所、吃饭			自己整理衣物，帮助大家整理餐盒		
	第一学年	第二学年	第三学年	第一学年	第二学年	第三学年	第一学年	第二学年	第三学年
	★	△	△	★	△	★ *	△	△	★ *

注：否为★表示，是为△表示。因该学生三年级确诊为“重症肌无力”，所以第三学年“自己吃饭、上厕所、整理餐盒”项目的统计客观上统计为“★”，但实际技能已经掌握。

三、我们面临的问题

由于该有特殊需要的多重障碍学生的客观智力的问题和行为特点以及三年级出现的“重症肌无力”病症，还有其家长知识理念的客观认识、家庭经济条件的问题，导致其不仅不能进行校园中全天性融合，而且配合康复训练的时间也不能保证。并且，他比其他学生更容易受诸多环境因素的影响。所以，在其实际参与的教育教学过程中，我们依然会面对他情绪的不稳定，特别是在情绪极端不稳定的时候，往往不得不终止教育教学的过程，来保证其他孩子的安全和该生的基本心理满足感。所以，对我们每一个老师来说，这位融合在班级中的、有特殊需要的多重障碍学生的积极情绪引导仍是一项很大的挑战。特别是对于班主任来说，在建立班级常规、进行一日生活养成教育时都需要付出比常人更多的努力，才能取得点滴的进步。

[参考文献]

[1] 邢同渊 . 智力障碍儿童教学法 . 天津：天津教育出版社，2007.
[2] 刘全礼，马积德 . 智力落后儿童教育学心理学 . 西宁：青海人民出版社，1995.
[3] 赵树铎 . 特殊教育课程与教学法 . 北京：华夏出版社，1994.
[4] 茅于燕 . 儿童智力全接触 . 北京：中国社会科学出版社，2002.
[5] 黄正平 . 小学养成教育：小学卷 . 南京：南京师范大学出版社，2001.
[6] 栾萍萍 . 浅谈多重障碍儿童的心理行为特征及干预策略 . 学周刊，2015（33）.
[7] 王桐娇 . 多重障碍儿童教育康复个案研究 . 现代特殊教育，2011（21）.

“选择性缄默症”儿童在普教低年级中适应与改变策略的行动研究

▌史家教育集团史家胡同小学　王　珈

一、个案基本情况

本文研究的个体是一名三年级（现五年级）女学生，化名西西，早产时体重只有一千多克。西西从上一年级起，在学校等公众场合从未开口讲过话。学校课堂上所有的表达训练、一、二年级期末乐考等与说话有关的内容会选择用沉默替代。为了让西西能和其他孩子一样快乐成长，老师们经过多次探讨和试验，用录制视频、音频等媒介，让西西完成所有口语表达的学习内容。

在视频中，西西声音甜美、表达自如，和在学校的样子判若两人。

除此之外，西西在学校的生活也因为自己不爱表达而受阻。如：即便尿裤子，也不表达自己想去厕所的诉求；用餐时，也不表达所需食物的量；等等。

综上所述，该生表现符合选择性缄默症的表现，教育者试图对孩子进行干预、引导。

二、选择性缄默症的原因

心理社会因素。其中，家庭原因占主导。

个体因素。西西为早产儿，在早期成长中受到一些影响，但智力发育正常。

三、实施措施

1. 家长层面

建议改善孩子的日常生活环境，营造温馨和睦的家庭环境，尽量一家三口快乐生活。缓和家庭关系，减少呵斥、喊叫等语言较为强烈的行为，对孩子增加善意的鼓励。

母亲需用更多的时间关爱和陪伴孩子，多与孩子进行交流、沟通，关心并鼓励孩子大胆表达，了解孩子的情感和需求。

减少夫妻间的争吵给孩子带来的不良精神刺激，让孩子在快乐、和谐的家庭中感受到安全、美满。

由于母亲是她最亲近和信任的人，建议母亲每天花一定的时间和孩子一起讨论发生在校园里的趣事和所学的知识，让她在轻松的氛围里对学校环境有所改观，减少抵触情绪。

父母在家中要引导孩子与班里的同学积极接触、共同玩耍，邀请孩子的朋友、同学和老师来家中做客，同孩子一起做游戏，让孩子在熟悉的环境中同他们进行交流。如当孩子主动与别人交流（包括眼神、手势、躯体姿势、言语等）时，给予其适度的鼓励，不强迫其说话；不鼓励孩子使用其他的方式交流，但也不反对，以防止其增加焦虑。这样，玩伴由陌生到熟悉、由少到多，最终使孩子在学校接触到的都是自己熟悉的人，而忽略学校是一个陌生的环境。

2. 学校和班级层面

集合东城区特殊教育专家、史家小学青苹果之家心理辅导员老师和班集体的力量，对西西就普教低年级的适应与改变策略进行协同合作。

特殊教育专家每周进班一天，用绘画、游戏、看视频等方式和西西进行单独交流、训练。研究者把每次训练的资料留存取样、进行分析，并做相应记录。

心理咨询治疗。在长达两年的时间里，每周二下午，西西会去史家小学青苹果之家做沙盘和实际处理问题指导。每次训练结束后，研究者就训练内容和结果与训练老师进行沟通并做详细记录、分析。

班级、教师和同伴。让学校老师了解选择性缄默症患儿情况及治疗方法，努力合作，给孩子创造一个良好的学习环境；多鼓励她讲话，不取笑其言语障碍、不恐吓捉弄等；尽量对其减少批评和指责，不增加其焦虑与紧张情绪。

由于处于小学中低年级段，所以让其他孩子对患儿状况有正确的认识和宽容的态度尤为重要。在校内，组成以老师和部分同学为主的“爱心行动”帮助小组，专门帮助西西解决困难，开展一系列在校帮助行动（如主动与西西玩耍、交谈等）。

在校园内，教师引导其他同学多与西西交流，但不强求她言语应答，鼓励其用各种形式回应。课堂上，最初鼓励孩子参与集体回答，后回答人数逐渐减少（如所在小组参加回答）。鼓励孩子单独和老师交流，老师也常常与孩子谈心，聊聊最近的进步和老师的期望。

增加孩子与他人接触的机会。选举孩子当老师的“小助手”，帮助老师抱本子、盖奖章，使之在老师的指导下完成一定的任务，并常常和老师待在一起。

教师将西西与善于帮助他人的学生分在一个小组并鼓励他们开展有利于锻炼社交技能的各种活动。教师将行为塑造的方法应用到学校日常活动中。本研究也会用到这些策略。

3. 社会层面

让更多的家长了解和理解选择性缄默症儿童的情况，鼓励自己的孩子多与其玩耍，并参与选择性缄默症儿童的家庭治疗。依托正规的社会训练机构，用多种形式对西西进行全方位的训练和指导。

四、个体转变

在科学方法的指导下，西西开始慢慢有所改变。

情绪表现更为正面。在班级生活中，西西每天积极为大家服务，帮助老师做事，带着笑容离开学校。

参与集体学习活动更为积极。在集体学习生活中，西西可以和大家一起读书、一起唱歌。面对同学出现的难题，她可以用指一指的方式帮助伙伴解决。

解决问题的方式更为多样。她可以用点头、眨眼等肢体语言表达自己的想法；可以用写一写、画一画的方式与对方进行沟通。

同伴交往参与度更高。在课余时间，西西可以与同伴一起去卫生间、一起游戏，且在这个过程中，可以与少数同伴进行语言交流。

本班同学一直对西西关爱有加，班风的基础建设一直良好。在西西转变的过程中，班级和同学给予了她更多的宽容与帮助。

五、研究反思

教育者应该承认问题儿童的存在，积极采取正确的教育方式方法去改善问题儿童的行为。

面对问题儿童，教育者不要总把个体当作“问题儿童”。

家长不愿意承认自己孩子的问题，不愿意开具证明，而学校又有学习的标准和规则。家长总想让老师降低要求，但老师拿不到证明又没办法降低标准，家长以“双重标准”游走在教育的边缘，对于学校来说也很被动。

评价的标准出现多元化。在普教阶段出现的问题儿童，家长没有证明，孩子可能达不到智障、残疾等严重残疾级别，但确实和一般学生存在明显差异。这种“中间层”学生的存在的确会影响班级中的其他学生，甚至影响班级成绩。那么学习标准该如何设定？学校该如何制定相关政策进行评价？

对于班级中存在特殊儿童的班主任老师，学校应该给予必要的关怀。因为这样的老师很有可能因为长期受到特殊孩子和家长的相关影响而让自己受“内伤”，心理产生各种变化和问题。

特殊学生由于自身的个性，将怎样更好地融入社会中去学习和生活？

课题引领资源教室建设　团队共促融合教育发展

▍西总布小学　李　鹏

西总布小学始建于1906年，是东城区的一所百年学校，1999年被区教委命名为“聋童随班就读实验学校”，自此便开始了融合教育的实践与研究。2001年底，学校开始筹建资源教室，2002年资源教室正式运作。当时的资源教室由两间相连的教室组成，面积近100平方米，包含肢体康复训练室、学生活动区、用于康复训练和补救教学的教育训练区、办公区及接待区。

此后，学校不断重视和加强资源教室的建设与融合教育支持保障功能的发挥，2011年借抗震加固工程对资源教室进行了改扩建，面积拓展到200多平方米，资源配备也更为丰富。具体包括三间具备隔音功能的个别教育训练室、一间配有专用厨房和卫生间的家政训练室、一间心理测评室、一个感统训练区、一间独立的会议室及办公室。教室的设计和配置以“让每一个角落都成为学生可运用的学习资源”为理念，以“一室多用”为原则，既面向校内有特殊教育需要的学生，又面向学区内随班就读的学生。

在这个资源教室中，我们先后对包括患有听障、低视力、脑瘫、智障、自闭症以及多重残疾等的36名学生进行了教育训练。由于工作成绩突出，2012年西总布小学被评为北京市资源教室建设与运作示范校。

资源教室作为一个新生事物，为我们提供了崭新的研究课题。从2002年建设之日起，学校就将它的研究探索和运行工作列入日程。近二十年来，我们以课题研究为引领，围绕资源教师及其团队建设、资源教室科学有效运作、资源教室长效机制建立以及发挥辐射带动作用促进学区融合教育发展等方面做了一系列探索和实践。

一、建设资源教师团队，保障支持质量

在资源教室运作过程中，资源教师的培养和使用是关键。面对各类残疾学生的特殊教育需求，作为一所普通小学，很难具备这方面的专门人才。一位普教出身的资源教师面对不同类型的残疾学生，多半是束手无策的。为此，我们就资源教师的选拔、培养和使用设置了相关论题。即学校资源教师团队由资源教室的教师和随班就读学生所在班级的班主任及一些有随班就读工作经验的任课教师构成，以资源教师为核心，以语文、数学及班主任教师为主体开展工作。

资源教师本身是团队的骨干，因此要由热爱这项工作、有事业心并精通普教业务的骨干教师担任。对其培养的途径主要包括三个方面：一是在市特教中心、市残联以及北师大研究生课程班的各种特殊教育专业培训中加强理论素养；二是到特教学校学习，在实践中进步；三是主持学校资源教室的全面工作，在实践中锻炼成长。

对于资源教师团队成员的培养也是如此。他们不但要在区特教中心进行50学时的特殊教育专业培训，做到持证上岗，还要根据班级中随班就读学生的残疾类别进行特殊教育专业的知识和技术的学习。其

目的就是使这些老师逐渐成长为一名能够针对不同残疾类别学生实施特殊教育训练的内行。在资源教室的工作中，我们要求团队成员要积极参与资源教室的教育训练。为了保障训练效果，做到严格管理，他们的训练课时计入本人工作量，训练课的要求与普通教学一致，且与普通课时费等同。

通过几年的实践，在我们的资源教师团队中，已经涌现出不少掌握一定专业知识和专业技术的专门人才。

资源教师团队的建设，一方面为我校资源教室的有效运作提供了人力资源保证，另一方面这些教师成为学校融合教育工作的中坚力量，他们在研究个训方法、随班就读课堂教学模式和教学策略方面取得了显著成绩。

二、明确资源教室功能，科学有效运作

在学习专业知识和听取专家意见的基础上，对于资源教室的功能，我们率先提出：小学的资源教室运作要以随班就读的“读”为背景，要为随班就读学生在普通小学“学得好”提供支持性服务；遵循“支持性、个别化、整合性”等原则，为随班就读学生、教师、家长服务；以资源教室为平台，对随班就读学生开展个案管理，对特殊需要学生进行教育诊断、教育训练、转介安置，对其授课教师和家长提供咨询指导，对随班就读工作进行监控协调等。具体功能如下图所示。

我们认为，普通小学的资源教室的主要功能是为随班就读学生提供支持。针对残疾学生，资源教室的训练不同于专业机构和医疗机构的康复训练。我们的训练要以学校教育为背景，以学业补救和教育训练为主要内容，以个别化教育计划为核心，依靠区特教中心的专业支持，突出科学性和实效性。

二十年来，在科学有效运作方面，我们主要做了以下几项工作。

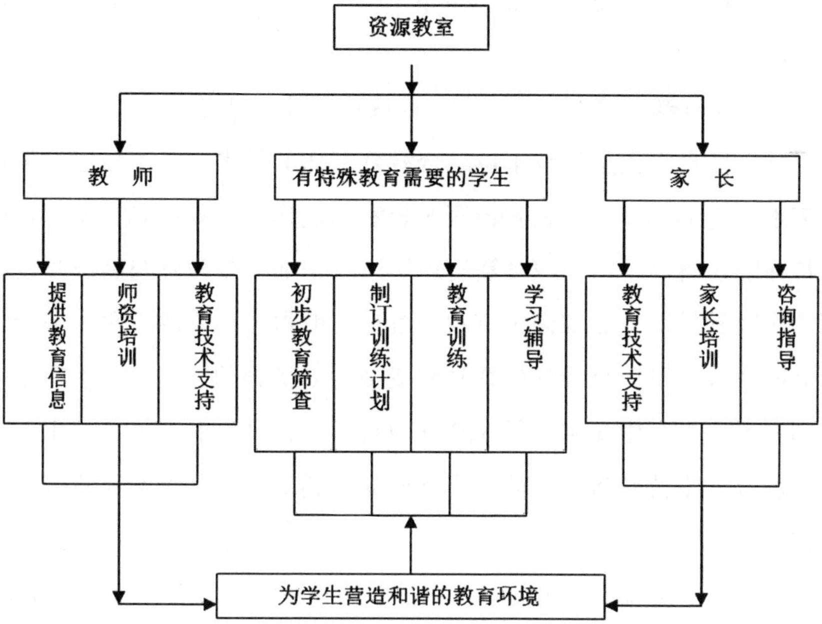

1. 构建个别化教育模式，开发资源教室课程

我们依据基础教育课程改革中日益凸显的尊重学生个体的学习需求理念和发展趋势，构建了资源教室个别化教育模式。即“以学生发展为本”理念为指导，充分关注随班就读学生的个体差异，并以学科教学为依据，为使随班就读学生进行有效的学习而采用的一种一位教师对一位学生（或一类学生）的相对稳定的教学方式。这种教学方式的优势在于能够依据学生的个体差异，充分关注学生的特殊教育需求。由于学习目标、内容及学习评估是可调整的，学习内容又是以课堂教学为基础的，因此可以更好地为课堂教学提供支持性服务。

在资源教室的课程设置上，我们设置了学科补救和功能性教育训练的课程。其中包括：针对自闭症、听障学生的“沟通与交往”课程，针对智障学生的“语文与生活”和“数学与生活”课程，针对脑瘫、低视力、注意力缺陷多动障碍学生的“康复训练”课程，借助学校健康课教师的力量开设的“心理辅导”课程，以及一些隐性的社团课程和家长课程。

2. 借助特教学校和家长力量，开展协同教学研究

特殊教育学校是学校本位融合教育工作的骨干，资源教室的运作更离不开它们的支持。在我校资源教室的运作中，我们和东城区特教学校在随班就读学生“双学籍管理”以及普通学校教师与特教学校教师“协同教学”方面都做了有益的尝试，取得了良好的效果。曾参与研究的“双学籍”全聋学生李某和王某均以优异的成绩从西总布小学分别升入东直门中学和东城区特殊教育学校，又先后考入北京工业大学和联合大学特殊教育学院，现都已完成高等教育，均在北京市残联工作。

另外，随班就读学生的家长在长期的寻医问药和陪伴孩子过程中，也逐渐成为康复训练的专业人才。他们借助学校的资源教室坚持为孩子做康复训练，一方面节省了奔波于医院和学校之间的时间和经济成本，另一方面也成为学校融合教育工作中一支不可或缺的人力资源队伍。

3. 建立成长档案，注重过程管理

对随班就读学生进行个案管理是资源教室的主要工作之一。在学生的个案管理工作中，我们首先深入研究了个别化教育计划的本土化和校本化改造，使个别化教育计划的制订更加具有可行性和实效性。其次，对个别化教育计划的制订、实施和评估，做到全过程监控，在组织召开个案分析会的同时，深入参与课堂教学主渠道、社会实践活动以及个别教育训练，并给予指导和帮扶，做到既关注发展，又关注过程。最后，采用“痕迹管理”的方法，收集学生的资料，科学分析发生在学生身上的点滴变化，真实记录学生的成长轨迹。这既有利于教师将这部分工作和学校整体的教育教学工作相结合，又能促进资源

教师团队全面掌握随班就读主体工作的开展动态，开展融合教育教学研究。

三、研究运作长效机制，寻求可持续发展

在资源教室运作过程中，往往会出现投资大、运作时间短、设备闲置、空间被占用等问题。经过研究，学校提出了要将资源教室建设成为专业教室的目标，并在北京市教育科学规划办公室立项了《建立普通小学资源教室长效机制的实践研究》课题，从资源教室运作的现状出发，提出了拓展资源教室功能、创建适合各类残疾学生教育训练的环境，健全管理制度，扩大服务对象，建设专业教室等研究目标和研究建议。

1. 创建适合不同学生需求的训练环境

在区教委的支持下，学校将原有的资源教室易地重建，克服了原有资源教室个别化教学区没有独立空间、教学中相互干扰的弊端，突出了资源教室教育训练的个别化、独立性的功能。改建后的资源教室既是学校的融合教育指导中心，也是东城区的融合教育资源中心。

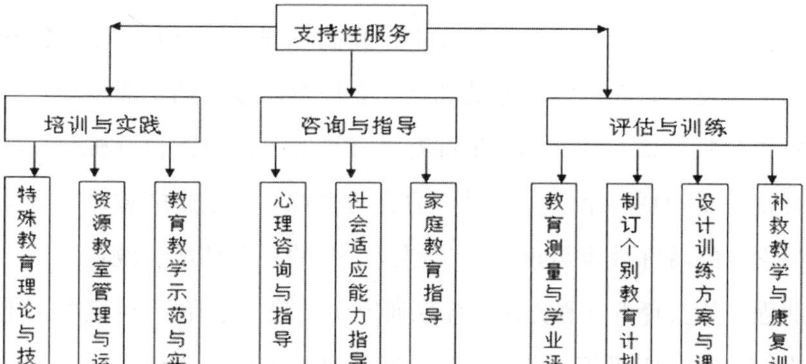

2. 健全资源教室管理制度

建立健全相关制度，确保资源教室的有效运作。学校从人（随班

就读学生、随班就读教师、资源教师等）、财（设施设备购置和运作经费）、物（设备、设施、教具学具等）的有序、有效管理，到资源教室管理制度、工作制度、评价制度的完善，作了系统的整理和完善，形成了学校资源教室的制度体系，保证了资源教室的有效运行。

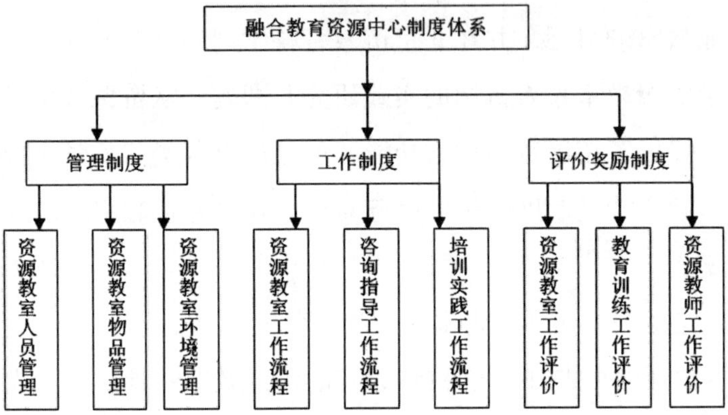

3. 扩大服务对象，建设专业教室

在资源教室的运作中，学校领导班子始终以融合教育的理念和“让每个学生都享有平等的优质教育”为指导思想，将随班就读工作和资源教室运作纳入学校整体工作中。我们发现，从研究学生的特殊教育需要出发去研究资源教室的功能，会使资源教室的功能多样化。在素质教育的背景下，全体学生都有享有平等、优质的教育机会，融合教育就是要为每一个学生提供“适合的教育”。“适合的教育”就是要分析学生的特殊教育需求，为其创设适合的教育环境、教育计划、学科课程以及教育策略和方法。先期研究中，我们选择了 24 名学习上有困难的学生，按照随班就读学生个案管理的方法，为他们制订个别化教育计划，开展补救教学，进行学科跟进。一个学年后，24 名处在合格边缘的学生，语、数、英三科成绩均有提高，其中 14 名学生的数学成绩达到优，18 名学生的语文和英语成绩达到优，22 名学生的三科成绩均达到合格以上等级。

四、发挥辐射带动作用，促进学区融合教育发展

为进一步全面落实《教育部关于加强残疾儿童少年义务教育阶段随班就读工作的指导意见》《北京市中小学融合教育行动计划》和教育部颁布的2016年1号文件《普通学校特殊教育资源教室建设指南》，东城区教委、特教中心出于学区建设和融合教育发展的整体考虑，同时为最大化发挥西总布小学十余年融合教育实践成果的作用，决定把西总布小学融合教育指导中心升格为学区融合教育资源中心，辐射与带动学区内融合教育学校的发展，使学区内有特殊教育需要的学生都能够享受到优质教育。

1. 增加融合教育领导小组职能，完善长效机制

接到任务后，为了给学区内各学校提供切实有效的支持性服务，特增加了原有融合教育领导小组的人员和职能；学校召开了专题工作会，在原有融合教育长效机制的基础上补充了学区资源中心管理与运作的相关内容，使学区融合教育资源中心从建设起就在制度的保障下运行。

2. 高站位统筹规划中心建设，保障资源支持

2017年东城区教委对我校融合教育指导中心进行了专项拨款，用于市级示范性融合教育资源中心建设。这给学区资源中心的建设提供了有力的保障。在资金的保障下，我们即刻启动了教师专业化发展与硬件建设同步跟进的双重举措。

一是拓展功能，加强学区资源中心硬件建设。为了进一步支持学区资源中心的硬件建设，便于对学区内各学校有特殊教育需要的学生提供心理辅导，学校将“心灵驿站”迁移至资源中心。一些专业设备，如挂画、放松椅、宣泄人以及AAC（高级音频编码）广泛性辅助沟通系统等心理和康复训练设施也得到了补充，这使中心在硬件支持方面

得到了充分保障。

二是课题引领，提升特殊教育专业素养。我们在北京市教育学会申请了《融合教育背景下，提升普通小学教师专业素养的实践研究》课题，继续坚持以课题为引领，强力打造专业师资队伍。近两年中，由学校干部带队挑选各学科骨干教师，先后参加了自闭症教育干预与临床干预、青少年儿童心理健康教育巧实施、以神经平衡疗法为主的物理治疗、韦氏儿童智力量表与适应性行为量表的主试资格等多项培训，其中 ADHD（多动症）教育干预和个别化教育计划的培训覆盖全学区，进一步提升了师资保障队伍的专业素养。

3. 借助项目，夯实特殊教育专业技能

2017 年 4 月，我校作为北京市特教中心“学校本位融合教育现场行动方案”的试点学校，以“学校本位融合教育实践推进评量系统”为发展目标，以“个别化教育计划表件”和“融合教育课程教学调整表件”为推进工具，展开了整整一年的研究与实践。这一年的高强度集训，不但使我们积累了更为丰富的实践经验，而且也更加强化了师资队伍的专业技能，同时也使我们在学区的特殊教育专业支持服务工作中更加充满自信。

4. 整合资源，增加中心专业人员

在学区的服务中，由于工作量的增加，加上校内教师的紧缺，资源教室工作开始有些力不从心。在这种情况下，区特教中心及时向我们伸出了援手，帮助我校与区残联心理康复中心签署协议，给我校派驻了一名心理咨询教师为学区各校提供心理咨询与康复训练支持。这一举措，不但弥补了学区资源中心心理专业人员的缺失，而且解决了资源教室人力资源紧张的问题。

另外，在区特教中心的引领下，我们与北大医疗脑健康儿童发展中心、李楠社会事务所等专业康复训练机构建立联系，定期为学区内的特殊儿童开展康复训练和教育咨询服务。这一举措受到了特殊儿童家长的热烈欢迎和好评，使学区的特殊教育支持服务更为专业、更加有效。

总之，近二十年来，西总布小学的资源教室就像一个呱呱落地的婴儿，在市区教委和特教中心的精心呵护下不断成长，逐步壮大，在自身的不断努力下逐渐走向成熟。但我们深知，融合教育之路仍然遥远，且很漫长，推进融合教育永远在路上。因此，我们期待与各位教育同仁一起，在各位领导专家的指导和帮助下，与更多的老师成为并肩战斗的伙伴，与更多的学校结成发展共同体，为推进融合教育的发展而携手前行。

如何落实对随班就读学生阅读教学的减负增效

▌西总布小学　张旖旎

语文课程是一门学习语言文字运用的综合性、实践性课程。义务教育阶段的语文课程应着力培养学生的语文实践能力，充分发挥师生双方在教学中的主动性和创造性，在师生平等对话的过程中进行。

新课程标准坚持了素质教育的方向，从标准层面科学安排课程容量和难度，为减轻学生课业负担奠定基础。这里的减负，不仅是减轻不合理的、不必要的学习负担，更要追求学习效率的提高，以及激发学生的学习兴趣，养成良好的学习习惯；而且要教学生学会学习，提高教师的教学质量，落实减负增效。通过减负增效，推进素质教育的实施，从而帮助随班就读学生能在实践中运用语言文字，体现语文课程的工具性和人文性。

对于随班就读学生在阅读教学中的减负增效，在强调学生是语文学习主体的同时，对于教师，则从观念和知识更新、使用好教材、开发课程资源和运用教学策略、组织教学活动等方面提出了全面的要求。

我的班中有两名听障随班就读学生，他们积极向上，乐观开朗，喜欢参与小组活动，对老师交办的班级工作能够认真完成；对语文有很大的兴趣，基本上能达到班内中等学生的学习水平。但是，对于含义深刻的语句在文章中表情达意方面的作用，他们不能准确理解。另外，两人在语文学习中的依赖性较强，学习比较被动，特别是由于听力障碍，影响了他们对语言的理解和表达，随着年级的升高，问题越发明显。下面我结合自身在语文阅读教学实践中通过“课前五分钟”练习（第二课时伊始的五分钟），谈谈如何落实对随班就读学生阅读教学的减负增效。

一、书声琅琅——自然且有感情地朗读课文

《语文课程标准》2011 年版指出：各学段关于朗读的目标中都要求“有感情地朗读”。这是指，要让学生在朗读中通过品味语言，体会作者及其作品中的情感态度，学习用恰当的语气语调朗读，表现自己对作者及其作品情感态度的理解。朗读要提倡自然，要摒弃矫情做作的腔调。

这里倡导自然地、有感情地朗读，是因为在教学实践中，特别是高年级的教学中出现了不自然的情感朗读现象。“有感情地朗读”，不是表面的张扬，不是华而不实的渲染，而是真实的、由衷的、从文本深处传递出来的，是心灵对心灵的倾听和理解。这个“情”来自文本内在的情感，要在外显的语言与作者的情感之间找到巧妙的融通点，在理解的基础上抒发情感。

基于此，针对写景状物的课文，我在设计“课前五分钟”练习时更重视对随班就读学生“自然而有感情地朗读课文”这一教学目标的落实。比如在《桂林山水》的授课过程中，我将“课前五分钟”的练习内容安排为课文朗读。学生观看教师制作的文字、图片、音乐相结合的演示文稿，用自己认为恰当的语气朗读《桂林山水》。学生在读文字的同时，欣赏多媒体提供的画面和音乐，感受大自然的美景，仿佛自己置身到静、清、绿、奇、秀、险的桂林山水间。这种学习情境只有在课堂上才可以被有效地营造出来，减轻了学生课后无效朗读所带来的弊端。这时的课前五分钟的“书声琅琅”不是在读别人的话，而是自己在说话，从而为达到自然并有感情地朗读目标做合理的铺垫，也为学生深入理解课文，为教师攻破第二课时教学重难点提供了有力

的帮助，切实提高了课堂教学效率。

二、鸦雀无声——潜心默读课文

古人云：“授之以鱼，不如授之以渔。授人以鱼只救一时之急，授人以渔则可解一生之需。”新课标中强调各个学段的阅读教学都要重视朗读和默读，教师要依据不同文学体裁和内容，采用恰当的阅读方法，培养学生“具有一定的阅读能力，学会运用已习得的阅读方法”。

朗读是默读的前提条件，默读是朗读的更高阶段。默读更有利于随班就读学生沉潜文本，加深对文本的理解。文本阅读有多种方法和途径，教师应根据学习内容和体裁的需要，指导随班就读学生采用恰当的阅读方法。“书到精绝潜心读，文穷情理放声吟。”这里的“潜心读”多指默读。

新课标第二学段要求学生“初步学会默读，做到不出声，不指读”。它强调的是在默读的过程中，学生能够养成“不出声，不指读”的习惯，初步形成默读能力。人教版小学语文四年级下册中第五组课文的主题为“热爱生命”，其中的《生命 生命》一课由著名作家杏林子所作，写了作者从亲身经历的三件小事——飞蛾求生、瓜苗生长、倾听心跳，引发的对生命的感悟。由于学生年龄以及社会阅历的原因，他们往往对生命无法有一个真切的认识。本文的作者是一个有着丰富经历和感受的作家，且身患残疾，他对生命的感受是深刻的，学生往往无法立刻把握，因此我将本课第二课时的重点设置为：理解三个事例中蕴含的深刻道理。为了有效地达成这一教学重点，我将“课前五分钟”练习安排为“默读课文，想想文中哪几件小事引发了杏林子对生命的思考？”默读是一种视读，对文字符号的感知是眼脑，是直接反映。默读重在思考和理解，像这样含义深邃的文章，学生在理解课文之前适合采用默读的阅读方法。这样精心设计的教学活动和采取的教学策略，切实落实了新课标理念下的减负增效要求。

三、补充文本与学生对话，加深“彼此了解”

新课标指出：语文的阅读教学是运用语言文字获取信息、认识世界、发展思维、获得审美体验的重要途径。阅读教学是学生、教师、教科书编者、文本之间对话的过程。

其中，学生与文本对话是多种对话的核心。在学生与文本对话的过程中，学生应该敞开自己的心扉，将自身的体验和理解融入对文本的表达之中，进入文本作者的内心世界。同时，文本也应该将自身的全部话语因子毫无保留地倾吐出来，让其代表作者与学生对话，进行心灵的沟通与交流。但由于多方面原因，有些作品被选入教材时会被不同程度地删改。这会对学生深入理解“含义深刻的语句”造成一定的障碍，从而影响课堂的教学效果。

总结以往的教学经验，发现没有原文铺设的具体情境，随班就读学生读这些“含义深刻的语句”时很难感同身受。为有效落实新课程理念下的减负增效，我尝试运用多种教学资源，利用“课前五分钟”给学生提供相关的阅读链接，更好地引导学生进入彼情彼景，深入体会这些语句的准确内涵。

在小学人教版语文四年级上册《那片绿绿的爬山虎》一课中，文本选入时将交谈的内容删减了。为了深入理解重点语段，我将删减的相关原文在“课前五分钟”提供给学生，让学生作为课外阅读进行参考，并不做过多解释。这是不可或缺的一步。如果没有相关原文链接的铺垫，学生在深入理解“他亲切之中蕴含的认真，质朴之中包含的期待，把我小小的心融化了，以至不知黄昏的到来”此部分内容时会感觉很突兀。阅读“课前五分钟”提供的资料后，随班就读学生了解了前后相关内容，理解了这是一位 70 岁老人对于新一代少年无微不至的关怀。这就是“亲切之中蕴含的认真，质朴之中包含的期待”，就是这样的关切、期望、教诲，让作者小小的心有被融化的感觉。

四、复现重点词语，整合教学内容

新课标指出，语文教学中要努力体现语文课程的实践性和综合性，注重听说读写之间的有机联系，加强教学内容的整合，统筹安排教学活动，促进学生语文素养的整体提高。

在说明性文章和叙事性作品的阅读教学中，基于知识与能力、过程与方法、情感态度与价值观的综合考虑，我利用“课前五分钟”词语复现的练习，整合教学内容，改变机械、粗糙、烦琐的作业方式，提高课堂实效，以此落实新课标理念下的减负增效。

说明性文章是最基本的实用性文章类型之一，新课标对说明性文章的阅读要求是：阅读说明性文章，能抓住要点，了解文章的基本说明方法。人教版五年级上册中的第三组课文是一组说明文。在《新型玻璃》一课的教学课时设置上，我对教学重点做了以下安排：第一课时，除学习字词外，还需了解新型玻璃的特点和用途；第二课时，重点学习其表述过程和说明方法。为了将两课时更有效地衔接、识字写字与阅读教学有效整合，我将第二课时的“课前五分钟”设计为根据意思写词语和选择恰当的关联词填空。即：

比喻表面上好像已经断了，实际上仍有牵连。(　　)

形容平平安安，没有什么损害或不幸。(　　)

形容完全消失，不知去向。(　　)

不是……而是……　　如果……就……

虽然……但是……　　尽管……还是……

(　　) 这位“隐身人”难以对付，人们 (　　) 想出了许多制服它的办法。

(　　) 安上“吸热玻璃”，房间里 (　　) 凉爽多了。

报警的（　　）值夜班的看守，（　　）被划破的玻璃！

（　　）“夹丝玻璃”不能防盗，（　　）在高层建筑中缺少不了。

这样的教学设计既考查了学生对词语的理解和运用，又温习了第一课时中涉及的新型玻璃的特点和用途的内容，还引导学生通过课文关键语句对打比方、举例子等说明方法有初步感知。

再如，在人教版语文五年级上册《地震中的父与子》一课的教学中，我将“课前五分钟”的练习设计为读句子，看拼音，写词语。

就在他 wā jué 的时候，不断有孩子的父母急匆匆地赶来。看到这片 fèi xū，他们痛哭并大喊：“我的儿子！”“我的女儿！”哭喊过后，便 jué wàng 地离开了。

他挖了 8 小时，12 小时，24 小时，36 小时，没人再来阻挡他。他满脸灰尘，双眼布满血丝，衣服 pò làn bù kān，到处都是血迹。

这对了不起的父与子，无比幸福地紧紧 yōng bào 在一起。

教师通过整合课堂教学内容，将识字写字教学与阅读教学中“阅读叙事性作品，了解事件梗概，能简单描述自己印象最深的场景、人物、细节，说出自己的喜欢、憎恶、崇敬、向往、同情等感受”的学习目标，以重点词语和关键句的复现练习的形式呈现给学生，提高了课堂学习效率，减轻了随班就读学生机械学习字词的负担。

在教脑瘫学生画线过程中进行小肌肉康复训练

——浅谈融合教育校本课程的综合性

▌西总布小学　张　颖

融合教育是我校的教学特色，承继了“回归主流”的基本理论。在我们学校里，倡导健残学生融合，不但使有残疾的学生适应普通小学的学习生活，还要“留得住、学得好”，所以对他们的教育方式要进行特别设计。我校的校本课程——资源教室的个别训练在课程改革的进程中，在融合教育的背景下应运而生。资源教室的个别训练课程是由学校统一管理，列入学校课表，采用个别化教育模式，结合教材，以解决残疾学生在普通学校学习面临的问题的课程。这一课程根据学生不同的特质设定不同的学习目标，最终目的是让特殊孩子能够融入正常的教育环境和社会生活。

我在学校承担着为一位脑瘫学生进行教育训练的个别教育课程。在教学中我也在想，怎样做才能使学生的学习达到最好的效果？特殊化的教学希望达到什么程度？事实上，融合教育的目的不是使老师受惠，而

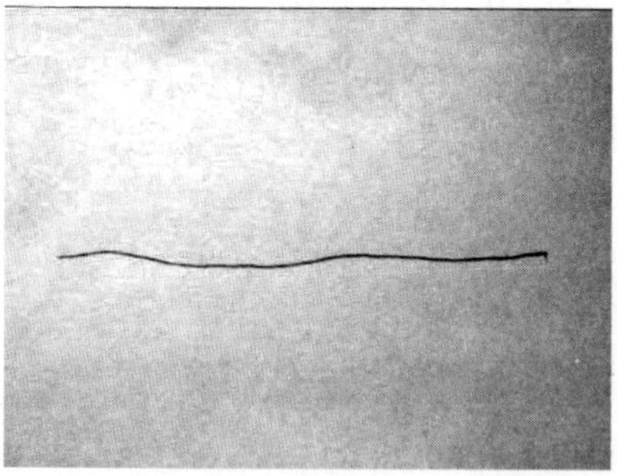

最初

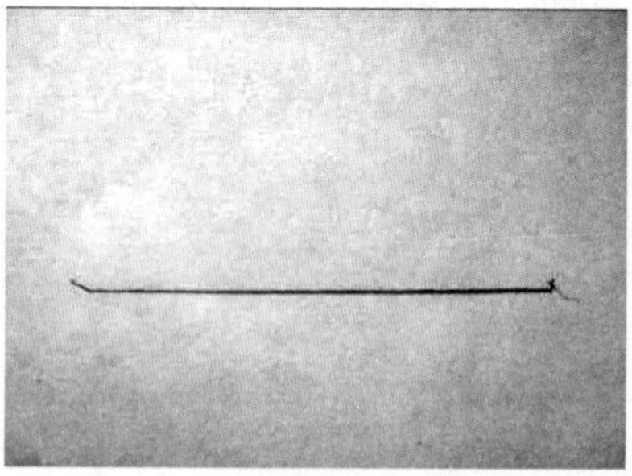

五周后

是能真正满足学生长期的需求。换言之，要真正落实融合教育，必须有两个要件：一是满足学生的特殊需要；二是建立成员间共同的信念。

见到上图这两条直线你会想到什么？大多数人会认为第一条线是一个刚会握笔的孩童胡乱画的，第二条线可能出自一位小学生的笔下。当我告诉你这些是一位脑瘫学生在资源教室经过五周的精细动作训练后画的，你也许会感到惊讶。

然然，一个非常阳光的大男孩，不明原因的脑瘫，使这个浓眉大眼的孩子有些与众不同。他 4 岁才会走路，没上过幼儿园，重度脑瘫严重影响到他的感觉能力、认知能力、情绪反应。他四肢不太协调，以左手为重，因为影响了视觉，还严重斜视。他进入我校学习后一直由我给他进行数学学科补救性训练。经过多年实践，我得出了以下几点认识。

一、资源教室的补救性训练要与教育教学相结合

然然能进入我校学习，他妈妈感到很欣慰，因为学校的资源教室可以为他的肢体康复提供条件。依照医生、家长的建议，我们用体育课的时间对他进行大肌肉训练（抬腿、弯腰、做肢体操）和小肌肉训练（夹球、穿珠、捡豆）。一段时间下来，孩子有些厌倦了，特别是小肌肉精细动作的训练非常乏味、单调。这给资源教室提出了新要求和新内容。

学校要求资源教室的补救训练要与学生的学习相结合，与学生的日常生活相结合，要将训练的内容与教育教学相统一。在然然进入二年级前，我就将教材中的有关内容进行了分解，如 100 以内竖式加减法、画线段、画角、画对称图形等需要用尺子画线的知识。根据这些知识的特点，将其与有关的肢体康复训练进行了整合。其中，学生动手画直线、画角是肢体训练的重点。然然的上肢有严重缺陷，手颤抖，攥不紧，眼睛斜视，精细动作根本不能完成，而画线段是要用尺子的，

而且要双手与眼配合。我想，如果我抓住画线的要领进行训练，将会是一举两得的事。

二、资源教室的补救性训练需精心设计教学过程

任何训练都要精心设计，这是我从教十几年的深刻体会。对画直线的训练，我设计了：前测——干预训练——迁移的训练过程。

1. 前测

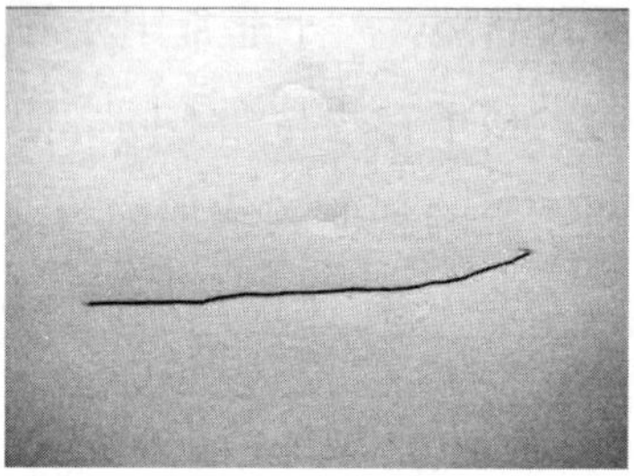

课前准备：一张纸，铅笔，尺子。

任务：请你用尺子在纸上画一条线段。

测试情况：右手拿笔，左手拿尺子。然然的左手根本扶不住尺子（左手长期不用，没有劲），右手的笔尖找不到尺子（视力的原因），不能任意停住。

措施：针对这种情况，我用分解动作的办法对其进行干预性训练。以下是他最初画的线段。

2. 干预

课前准备：一张纸，铅笔，尺子。

内容：请你用尺子在纸上画一条线段。

第一周，老师帮助拿尺子，然然右手拿笔，贴近尺子练习画线。

目的：感受笔尖贴住尺子的感觉。画时，注意观察学生笔尖的移动方向，强调眼睛的注意力和手的感觉。

表现：笔尖还是有时偏离尺子，需提醒。

第二周，然然右手拿笔、左手拿尺子。老师用一根手指头辅助扶住尺子，使之不移动。

目的：感受左手用力的程度和四个手指的配合。画时，继续注意观察学生笔尖的移动方向，强调眼睛的注意力和手的感觉。

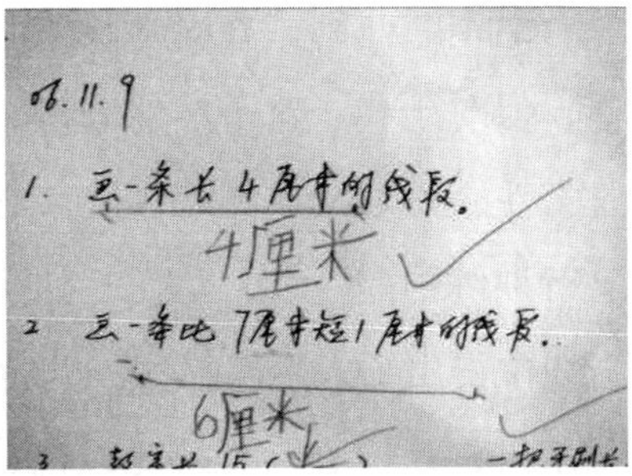

表现：以然然左手握尺为主，有些较劲的感觉，偏离现象减少。

第三周，然然右手拿笔、左手拿尺子，尝试独立用尺子画线段。老师提醒左右手的配合和眼睛的注意力。条件成熟后尝试画不同方向的线段。

目的：巩固两手的配合。

表现：有时尺子还有移动。所画线段图基本符合要求，如上图。

第四周，然然右手拿笔、左手拿尺子。老师辅助画固定长的线段。准备好后，老师握住然然右手，让他体会张弛有度。从 0 刻度起笔后，边画边观察尺子上的刻度，笔尖贴住尺子，行进速度稍慢，接近结束刻度时注意笔尖及时停住，画上端点。

目的：掌握画线段的方法。

表现：最初没有停止的意识，需提醒。经常画得长一些，不能及时停住。

第五周，然然右手拿笔、左手拿尺子，独立画固定长的线段。老师提醒。

目的：独立画线段。

表现：能较好完成，端点画得有些斜。如下图。

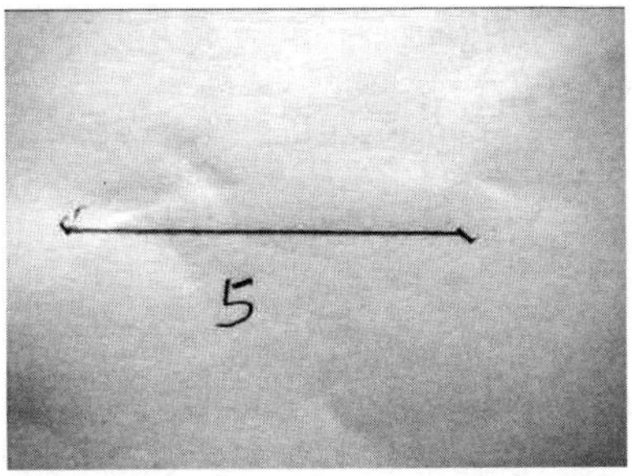

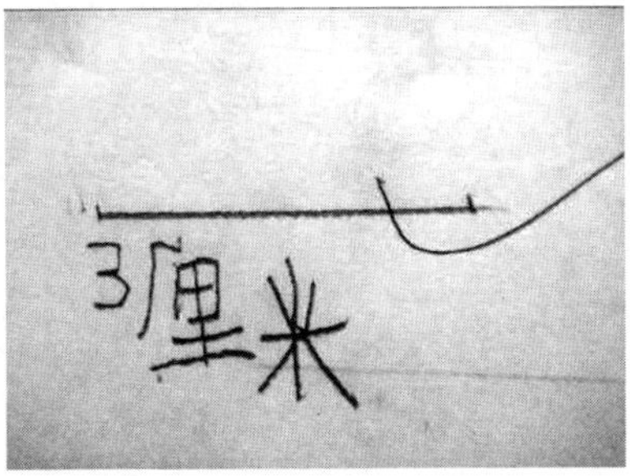

十年磨一剑，五周画一线。这条线终于画直了，虽然时间长了一些，但对于我，对于然然来讲，它是成功、是欣喜、是希望。我们经过奋斗获得成功的心理体验。它不仅是一条直线，更是我对脑瘫学生进行训练的起跑线，是托起脑瘫学生学习信心的地平线。我们从这条直线中得出了人生的感悟："世间无难事，只怕有心人。"这"心"对于我来讲，是恒心，要持之以恒，要相信他"行"；对然然来讲，是信心，要树立"我能行"的信心。

3. 迁移

会画了直线，接下来就是将线段的画法进行应用。在后面的几周里，我重点指导他画角、画正方形和长方形。

第六周，在学会画线段的基础上练习画角、直角。先画一个点，从这个点向不同的方向画两条射线。用三角板的直角边画直角。

目的：在画线段的基础上，学习画角、直角。

表现：画好点后，尺子不知怎样摆，原地转圈。两条线的角度过小。画直角时沿一条直角边画好后通常移动三角板，使两条直角边分离。

第七周，继续学习用尺子画角和直角。

目的：进一步训练精细动作。

表现：喜欢画开口冲下的角，但进步很大，如下图。

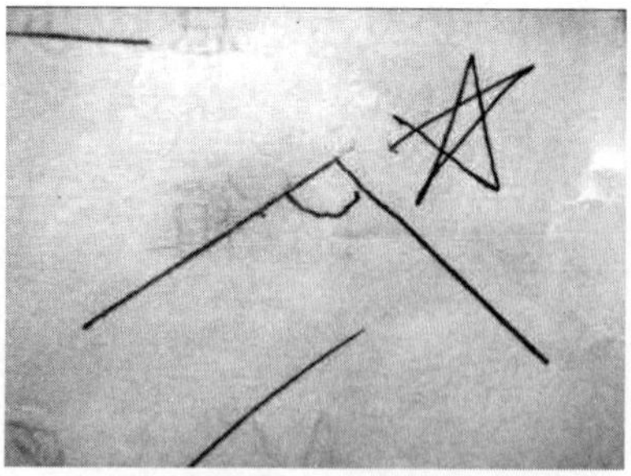

4. 效果

就在我们取得训练成果的时候，迎来了本学期的期中测试。试卷中第一题就是画一条长5厘米的线段，画一条比7厘米短、比3厘米长的线段，画一个直角。然然全部独立完成画图的任务，除一条线段长出2毫米外，完全符合要求。这只是阶段性的成果，然然还会遇到新的难题。在本册书的后面，有画对称图形的，他将迎接更高的挑战。我们下一阶段训练的重点是：在格子图中画出图形的另一半（对称图形）。继续训练眼手的协调和精细动作的完成。

普通学生要两节课掌握的知识，对于一个脑瘫孩子来说要走过两个月的路程。这两个月来，我和孩子一起走过，我们的收获一样大：他收获的是知识、技能，我收获的是理念和方法。

对然然的补救性训练效果很显著，受到了家长和其他学科任课教师的肯定：然然双手的精细动作有了明显的改善，笔握得比以前紧了，写字也规范了。他还参加了书法的课外小组。当他第一次用毛笔写出甲骨文的“福”字时，她的妈妈激动极了，她把这件珍贵的作品送给了资源教室。老师给这幅得来不易的作品镶上了边框，挂在了墙上。这个“福”字告诉我们：要相信孩子，他们能行！

三、资源教室校本课程个别训练的几点感悟

1. 训练中遇到困难时要坚持“激励性原则”

激励性原则是指在训练中教师要始终引导学生向既定的目标前进，在语言的指导上要把所遇到的困难最小化，使他树立信心；在他每一次进步时要进行肯定，及时提出下一个目标。然然是个阳光的孩子，

对于要求他做的事情，他会很努力地配合你。因此，我们的训练很融洽。他有种不服输的劲头，但有时也会丧失前进的勇气，会想要“放弃”，每当这时我就告诉他：“成功就离我们一点点，就在笔尖和尺子之间这一点点，你一定能做到的。”实践证明，孩子真的可以做到。

贯彻这条原则，教师首先要了解教育对象，要将所训练的内容进行设计，其中最主要的是将训练的内容进行分解，让所学的知识、所训练的内容有一个梯度。这个梯度的设计，可缓可陡，要从实际出发。

2. 资源教室的训练要坚持“综合性原则”

综合性原则是指在补救性训练中，以肢体康复训练为主线，巧妙插入学科知识，使其和肢体训练有机结合，达到一举多得的目的。在对然然的训练中，我从数学学科特点出发，开始一边训练一边教他识数、认识颜色和图形、归类等，后来又加了加法、减法、表内乘法，再后来加了编应用题。随着训练的不断深入，然然的学习积极性也不断提高。因为训练不仅是对肢体的训练，还开发了他的智力，锻炼了他的语言和交往能力。

贯彻这条原则，教师首先要熟悉教材，找到训练内容和教材的最佳结合点。教师要有迁移的能力，对教学过程进行安排。

3. 补救性训练的过程要坚持“发展性原则”

发展性原则是指补救性训练的出发点和最终归宿是促进学生的发展，使残疾学生可以像普通学生一样发展。训练过程的组织实施，首先要体现发展观，并围绕学生的发展来开展全部教学活动。这是因为残疾学生始终处在发展中，而训练就是为了促进其发展。

贯彻这条原则时要注意两点。一是要尊重学生的差异，正视残疾学生身心存在的缺陷，在客观上不能高估他们的发展，但在主观上又不能低估他们的发展。在实际教学工作中，教师要善于看到残疾学生的发展潜能，不能经常停留在比较缓慢的教学速度上，而应寻找他们最佳的“最近发展区”，因人而异，适度加快发展。二是引导残疾学生主动发展。有些残疾学生的心理发展水平较低，心理又极易疲劳，往往有意注意能力较差，学习动机不强，因此要引导他们主动发展。在教学过程中，教师应多指导学习方法，注意学习效果的迁移，在更多的实践中帮助他们根据自身特点，采用恰当的学习方法和策略，主动学习，主动发展。

从然然画线训练中我得到的最大收获是：融合教育校本课程对残疾学生有重要作用，能促使他们成长和发展。这是我找到的教育的真谛。

浅谈运用 TPR 活动促智障生英语学习的策略研究

▌西总布小学　刘腾玲

在现行的小学教育体系下，作为舶来品的英语学科，地位逐渐提高。随着社会的不断进步和教育理念的不断更新，英语学科也与时俱进地进行了课程改革。大部分学生能够在老师的引领下和同伴的合作中感知英语、学习英语，并保持着高涨的学习热情和兴趣。智障生虽然享有和其他学生同等的受教育权利，但是由于自身的原因，不能像正常学生一样学习英语。因此，以新课改理念为引领，通过 TPR（Total Physical Response，全身反应教学法）活动调动智障生的英语学习兴趣，让他们在英语学习中感知快乐，应是英语教师日常工作的重点。

一、TPR 活动概述

TPR 活动是美国加州圣约瑟大学心理学教授詹姆士·阿歇尔（James Asher）提出的一种教学法。这种方法倡导把言语和行为联系在一起，通过身体动作教授英语，因此又被称为"全身动作反应法"。

TPR 活动注重的是语言学习中的互动效应。学生在一个比较放松的环境中学习英语，效果最佳；紧张、急躁、注意力不集中等状态对于学习英语来说是不利的。所以教师应根据小学生爱动、注意力难以持久集中等特征，尽量创造有利条件，使课堂英语趣味化、生活化，让学生通过跑、跳、做游戏等各种活动来学习英语，达到口、脑、身体并用的效果。学生能够调动多种感官来接受、应用信息，在游戏中学习，更好地激发他们对英语学习的兴趣。

二、TPR 活动在智障生英语学习中的必要性

1. 新课标理念的引领

《英语课程标准（2011 年版）》（以下简称“新课标”）指出：英语课程要面向全体学生，关注语言学习者的不同特点和个性差异；另外，要强调学习过程，重视语言学习的实践性和应用性；同时，丰富课程资源，拓展英语学习的渠道。

首先，每个学龄期孩子都享有平等受教育的权利。作为随班就读的一员，智障生享有接受义务教育的权利。所以，将有效关注智障生的情感，激发他们学习英语的兴趣，帮助他们建立学习的成就感和自信心，使他们在学习过程中发展综合语言运用能力，逐渐增强语言实践能力，应落实在平日的每一节常态课堂中。

其次，在教育教学过程中，虽然学生的身心发展在固定年龄阶段具有相对的稳定性和普遍性，但由于每个人的素质、所处环境、所受教育不同，主观努力和资质禀赋等方面又存在差异，同一年龄阶段中的不同学生的身心发展水平有其特殊性和差异性。“新课标”提出的“面向全体学生，关注语言学习者的不同特点和个性差异”理念，突出了英语课程以学生为主体的思想。英语教学中要照顾学生的个体差异，针对智障生的特点，采取特殊措施，以适应他们的英语学习需要。

2. 智障生特点分析

肖非教授在《智力落后教育通论》中说：“智障学生由于认知方面的缺陷，在生活和学习中遭受的挫折和失败要比常人多得多，他们普遍存在有退缩和自卑等不良心理。”通过观察智障生在学校的日常行为特点，可以发现其具体表现在如下方面。

首先，智障生的感觉、知觉表现迟钝、缓慢。生活中，只有刺激物足够醒目、鲜明、体积大，并且呈现的时间足够长时，他们才能感

觉到，因而单位时间内接受的外界信息量明显少于正常儿童。

其次，智障生的语言能力薄弱，80% 有语言障碍，发语音困难，只懂几个简单的命令。即使有极少数的轻度智力落后儿童会说话，但也只会说极简单的句型，内容贫乏，往往词不达意，甚至需要对方费尽心思地去猜。

最后，智障生的独立能力较差，时刻需要有人陪同。他们一般不能自主完成相应的任务，需要在家长的陪同、帮助下完成简单的机械动作。有些孩子甚至没有生活自理能力，连吃饭、穿脱衣物、去厕所等都需要家长的帮助和支持。

3. TPR 活动的优势分析

首先，TPR 活动强调让第二语言进入学生的右半脑，开启“右脑思维”。众所周知，人的思维活动分为左脑思维和右脑思维。“左脑思维”指富有分析性和逻辑性的依序处理信息的思维模式，而“右脑思维”则指富有想象力和创造性的空间与形象思维模式。詹姆士·阿歇尔认为，右脑是缄默的、非语言性的，但它可以通过指令做出相应动作来表达自己。智障生的抽象思维在很大程度上仍然与感性经验联系着，需要具体形象、具体实物的感官刺激支持。TPR 活动通过让语言进入右半脑来引起智障生的行为变化，他们就可以更容易地理解语言代码，并能够理解目标语的基本结构及其表示的含义。

其次，TPR 活动对学生的错误采取宽容的态度。在传统教学过程中，教师对学生的错误，都是要求有错必改、精益求精，致使学生总怕出错、怕出丑而不敢大胆开口说，更遑论自由表达。而 TPR 活动对学生的错误则采取宽容的态度，对学生的言语输出不做严格的要求，只纠正一些较大的错误，并辅之以轻松、诙谐的方式进行善意提醒，不使学生尤其是智障生感到压力，减少他们的心理负担，培养愉快的学习情绪，让他们在参与和体验中乐学、想学。

最后，TPR 活动具有很强的兼容性和灵活性，它可以和其他的教学法很好地配合使用。英国教育家约翰·洛克说：“教师的巨大技巧在于集中与保持学生的注意力。”一般而言，由于脑神经的不成熟，小学生尤其是智障生在注意力的保持与集中方面总是显得差一些。因此，要在课堂中设置动静结合的活动内容，让学生既能在兴奋、活泼的状态中习得、接受新知，又能安静、踏实地消化知识。TPR 活动作为课堂中的一种教学环节，能够与其他教学环节进行有机结合，既激发学生的兴趣，又不会使学生整节课沉浸在高亢、激昂的情绪中。

三、TPR 活动在智障生英语学习中的实践与运用

1. 游戏表演，为智障生营造快乐的教学环境

英语是小学阶段相对较难的一门学科，比较抽象、枯燥，加上学生没有相应的语言环境，难免产生陌生感。而喜欢游戏是孩子的天性，孩子是从游戏开始学习的。因此，要使小学英语变得形象、具体、有趣，使学生乐学，必须顺其天性，把游戏引入课堂，发挥游戏的神奇作用，为学生尤其是智障生营造轻松、快乐的教学环境。老师可通过游戏和形象的表演，运用身体语言来表达语言信息。如在讲解 stand up，sit down，show me your hand/ book 等指令性短语时，教师会边说边做动作示范，同时示意学生跟自己一起边说边做；然后由老师发号施令，学生跟着做动作；接下来用“男生说，女生做”或“女生说，男生做”或“1、2 组说，3、4 组做”等方式反复操练，强化相应指令。在这个过程中，智障生在陪读家长的帮助下跟着大家一起做动作，乐此不疲。

在复习“animals”主题时，教师将所学动物的图片和叫声先置入课件中，让学生先通过惟妙惟肖的叫声来猜动物，接下来再出示相关动物的图片，最后根据其滑稽的形态、惟妙惟肖的叫声进行全员模仿。学生通过多感官参与快乐地记住了相关单词。动物叫声和图片转换让

智障生体会到动起来并学以致用的乐趣，在轻松的课堂中收获快乐的情绪体验。

2. 巧妙评价，为智障生提供及时的成功体验

“新课标”指出：优化评价方式，着重评价学生的综合语言运用能力。探索促进学生发展的多种评价方式，激励学生乐观向上、自主自立、努力成才。对智障生微小的、常人看来微不足道的进步，都要及时给予肯定和鼓励。他们在得到老师的鼓励后，学习的积极性会被激发出来，有可能会带来更多、更大的惊喜。

如在讲解身体部位的内容时，教师请全体同学起立，跟着歌谣的优美旋律轻轻触摸自己身体的相关部位——head，shoulders，knees and toes，eyes，ears，mouth and nose，接下来让智障生触摸自己的身体部位，让其他学生说出相应的英语单词，最后全体学生在教师的暗示下统一做动作，引导智障生说出本课的目标词汇。众多充满期待和鼓励的目光以及陪读家长与老师的提醒，使智障生能够正确地说出相应的单词（发音可能有些含混），大家不约而同地为其热烈鼓掌，教师顺势为智障生竖起大拇指，同时在其表达正确的身体部位贴上奖励性贴画。这时，智障生的内心溢满了骄傲，渐渐树立起英语学习的自信心。

3. 实物教具，为智障生呈现直观的知识体验

智障生的心理特征之一就是专注于具体的直观事物，物体越具体，形象越直观，学生越感兴趣。由于实物教具贴近学生生活，学生借助已有的经验，可降低抽象知识的学习难度，进而提高学习的积极性。

如在学习有关水果的内容时，老师提前把水果放在不透明的袋子里，通过设疑等方式让他们触摸来猜水果，过程中辅之以颜色、形状、触感等描述性语句。最后真相大白，揭示谜底，并出示相应的实物水果。这样既可以让智障生感知水果，记住相关词语表达，也可以让学

生复习相关的描述性词汇，有效拓展课堂内容。

总之，随班就读工作是一项艰难而有成就感的任务。对于智障生来说，他们有着同样饱满的学习热情，但需要教师用爱去唤醒。教师在平日的课堂教学中，应以新课改理念为引领，巧妙设计 TPR 活动，让智障生在 TPR 的参与和体验中爱上英语、享受英语。

西总布小学融合教育资源中心课程建设成果研究报告

▍西总布小学　李　鹏　王　菁　郝建新　张　颖　胡海妮　杜海鹏

西总布小学始建于清光绪三十二年（1906 年），百年来，她见证了北京这座古城的沧桑巨变，始终在喧嚣繁华中坚守着一份育人的恬静。如今，在十九大精神的指引下，作为城市核心地带中的一方育人净土，一片健康乐园，一处成长摇篮，全校凝心聚力，不忘初心，牢记使命，秉承“融仁爱之心，合社会之力，教人生之理，育华夏之才”的宗旨，以适合教育为办学理念，以融合教育为办学特色，滋养着孩子们成长的根基，适应着他们每一个人成长的特质，承载着生命共生的责任，一心只为着教育的未来。

一、资源中心课程设置背景

（一）贯彻实施《残疾人教育条例》和《中华人民共和国义务教育法》

《残疾人教育条例》第二条和第三条明确指出：“国家保障残疾人享有平等接受教育的权利，禁止任何基于残疾的教育歧视”；“残疾人教育应当提高教育质量，积极推进融合教育，根据残疾人的残疾类别和接受能力，采取普通教育方式或者特殊教育方式，优先采取普通教育方式。”《中华人民共和国义务教育法》颁布后，国家明确将残疾少年儿童的义务教育纳入国民义务教育体系。关注特殊教育需要学生是社会文明进步的体现，满足所有学生的成长需求是义务教育的责任。由于随班就读已经成为残疾少年儿童接受义务教育的重要途径，为了使有能力在普通学校就读的残疾学生都能够平等地接受义务教育，普通学校中的资源教室便应运而生，其中，资源教室的课程建设是实施个别化教育的有效保障。

（二）践行西总布小学适合教育理念

学校于1999年被东城区教委命名为“听障儿童随班就读实验学校”，从此便开始了融合教育的实践与研究工作；2001年底学校率先创建了东城区小学第一间资源教室，也是北京市首批资源教室之一；2007年又在全市率先建立了资源教师团队，同时也提出了“适合教育”，即以学生为本的教育理念；2012年借校舍加固契机又对原有规模较小的资源教室进行了改扩建，落成了全新的“融合教育资源中心”。在这样一个为尚能学习的轻中度残疾学生而规划的凸显着积极与向上、包容与接纳、光明与希望、融洽与发展的学习环境中，为那些由于在感官上、生理上、认知或情绪行为上出现问题，无法与正常学生以相同的方法学习相同内容的有特殊教育需要的学生，进行课程调整并设置适合于他们学习或有助于身心康复的个别化训练课程，便成为资源中心的一项必要工作。

二、资源中心课程规划

“尊重个性、关注差异、多元发展、人人绽放”的适合教育理念强调了每一个学生的差异性、独特性。因此，资源中心课程也被命名为“个性化课程”。

（一）核心目标

学校的育人目标是：特殊学生正常发展，特长儿童特色发展，正常儿童超常发展，超常儿童特质发展，让每一个孩子都拥有金色童年。因此，资源中心课程也以此为核心目标。

（二）理论基础

科学有效的课程不仅要结合校情和学情，更要有坚实的理论基础。

资源中心课程以适合教育为理念，以神经平衡疗法、感觉统合理论、多元智能理论、行为矫正和应用行为分析等诸多理论为基础，博采众长，使用多种方法科学地帮助和辅导学生。

（三）基本原则

1. 针对性原则

资源教室课程是个性化课程，需要针对学生的现实情况进行认知、肢体、学习技能、生活自理能力等多方面的评估，并依据评估结果为学生设计授课计划、目标与内容。

2. 快乐性原则

学校的适合教育课程理念是“让学习成为好玩的事情”。所以，在开发资源教室训练课程中，不但要注重课程设置与实施的趣味性，更要注重学生的心理健康发展，使授课环境和授课内容都富有童趣。在授课环境上，斑斓的色彩刺激学生视觉发展，调动积极情绪；在授课内容上，结合学生喜好和实际生活，将训练内容变成一个个精彩的童话故事、生活故事，潜移默化中让学生学习生活与社交技能，健康快乐地成长。

3. 发展性原则

依据儿童运动发育量表，遵循学生动作发展规律，结合医学和教育评估结果，在优化学生内部环境的同时，促进其身心健康发展。在设计训练内容时，依据学生身心发展规律和当前发展阶段，着眼于最近发展区，小步子设标，大单元建构，充分发挥其潜能，满足特殊儿童身心发展需要。

4. 提优补缺原则

综合评估特殊需要学生的多方面能力，注重发挥其自身相对优势。在构建其自尊、自信、自强的人格基础的同时，用其优势能力弥补和带动弱势技能，从而促进全面均衡发展。

5. 康教结合原则

康教结合是康复与教育的结合。资源中心的康复包括三个功能，一是筛查功能，确定学生特殊教育需要的性质，合理确定干预方向，避免需要医学康复的学生贻误时机；二是为个案提供康复训练；三是为学校制订个别化教育计划提供康复评估信息。

6. 家校合作原则

家长的陪伴是补充学生心理能量的重要途径，学生的进步有赖于家校的紧密合作。部分动作训练和行为习惯训练内容很简单，但需要每日训练、不断重复。因此，除了课堂训练外，学生的部分训练内容需要家长的配合。

三、资源中心课程实践过程

（一）补救性课程的开发与实施

补救性课程是指为有特殊教育需要的学生采用精简的教学策略，针对主要学科进行复习与补救的课程。资源中心在补救性课程的实施中主要采取了以下三个工作步骤。

1. 为有特殊教育需要的学生进行能力评估

资源中心课程形式和内容的选定是以科学有效的评估为基础的。资源中心的资源教师与特殊需要学生的班主任、家长及任课教师在参考特殊需要学生医学诊断报告的基础上，利用少儿心理健康与特殊教育测量及评估工具再次针对学生学科程度及能力需求进行评估。通过对健康状况、感官功能、行动动作能力、生活自理能力、认知能力、沟通交往能力、情绪及社会行为能力、学业能力及个性心理特征等多方面的评量，有效实施个别化教育计划。

2. 制订个别化教育计划

资源教师通过与特殊需要学生的班主任、任课教师及家长共同召开个案分析会，依据学生能力现状确定长（学年）短（学期）期教育发展目标。同时制定特殊需要学生主要学科的目标评估调整方案和课程教学调整策略。从教学目标的设定到学习内容、教学方式方法、学习环境和考核评量的各个方面，无不做到精准细致的调整。

3. 实施个别化教学

为了有效达成教学及发展目标，在经过家长同意后开始实施个别化课程。

①课程形式的安排。按学生的需求、课表的安排决定是采取抽离式课程还是外加式课程，抑或两种结合。抽离式课程是依据特殊学生需要，采取补救教学的学科于普通班上课时抽离至资源中心上课。外加式课程则是将学生的课余时间做灵活运用，到资源中心接受教学。

②课表的制定与安排。在实施个别化教学时，特殊需要学生的课表分为两种，包括融合班级的整体课表和个人课表。以教学处编排的班级整体课表为主，再依学生个别需求配合任课教师的时间安排个人课表，按表上课。

③课程内容的调整。课程内容的精简：一是依据特殊需要学生的障碍程度降低课程难度，例如学不了两位数的进位加法，就先学习一位数加法；笔画太多的字写不了就改成笔画简单的字来练习，或拆字分开学习；二是改以简单、容易明了的教学方法，如简化或分解教学步骤。一般课程的量和进度，特殊学生很难跟上，以适当减少课程内容的量来减轻学生的负担，以此避免特殊学生遭遇过多的挫折，防止缺乏学习兴趣和学习动机。

课程内容的分解：一是把教材内容分解成几个小阶段，逐步学习；二是分解学习方法，在课程精简时，以几个步骤慢慢学习，帮助学生理解。

课程的替代：针对障碍程度稍重的特殊需要学生，可更换教材或使用替代教材，如语文与生活课程和数学与生活课程，突出联系生活实际，学以致用，以抽离的方式进行学习。

④授课方式的选择。协同教学：在融合班级中普通教师与资源（陪读）教师协同教学，此时以普通教师为主，资源教师或陪读教师为辅，依据学生的需要进行个别化教学。个别教学：普通教师或资源教师进行一对一的个别指导。

（二）功能性课程的开发与实施

通过资源中心第一阶段补救性课程的实施，在阶段评估中发现特殊需要学生在认知及学业能力方面虽取得了显著进步，但在身心康复方面离个别化教育计划所制定的长期发展目标的达成尚远。于是，通过向区特教中心求助，并在诸多特教专家的帮助与支持下，资源中心决定开设功能性康复训练课程。

1. 功能性课程的内容与特点

这类课程是为特殊需要学生，特别是残疾或障碍程度较重的学生提供的实用且符合学生发展需要的课程。依据学生的特殊教育需要，资源中心分别开设了感统训练、行为矫正训练、语言沟通训练、注意力提升训练以及沙盘游戏等个别化康复训练课程。这些课程的特点是学习的内容与生活所具备的各项能力相结合，不仅可以满足特殊学生今后生活及社会性发展的需要，而且更有利于其学习能力与学业成绩的提升。

2. 功能性课程的实施者

资源中心的功能性训练课程主要由资源教师负责，资源教师由具有应用心理学、康复训练学及特殊教育学专业背景的教师担任。

3. 功能性课程的教学组织形式

在教学组织上，特殊需要学生的功能性康复训练课程主要采取外加课程的方式，在资源中心专业训练室上课，依据特殊学生情况选定个别或小组训练形式，并辅以家庭训练。在教学形式上主要采用模拟生活情境或游戏的方式进行训练。这可以让学生畅游在欢乐奇妙的故事情境或游戏中，不但能带动训练的积极性，而且有助于达成训练目标。

（三）个性化特色课程的开发与实施

为了进一步促进特殊学生的全面发展，增强学习自信，资源中心在征得家长的同意后，决定发扬特殊教育需要学生的相对优势，开设个性化特色课程。

1. 融入式的课外社团课程

个性化的特色课程是依据学生的兴趣爱好和相对优势，由学校任课教师为他们开展的吸收他们加入的兴趣化课程。比如，有的学生喜欢绘画，有的热爱书法，还有的喜欢唱歌、打球和科技模型，那么相关任课教师就会吸收他们加入学校的课外社团，陪读教师则全程辅助。同时，资源中心也聘请了校外有特殊教育专长的音乐老师为他们开设了“小小音乐班”，意图通过音乐疗法这一系统的干预手段，使特殊需要学生的精神、神经系统得到调节，达到治疗和康复的目的。课程中，家长也共同参与其中，通过听、唱、器乐演奏、舞蹈等一切与音乐有关的互动活动，不仅帮助孩子们在感知力、注意力、动作技能、情绪、情感表达、语言表达、社会适应能力等方面得到充分的锻炼，而且也促进了家校融合，帮助家长丰富了教育训练的手段，有效促进了家庭和谐健康发展。

2.“阳光讲堂”心理健康教育课程

“阳光讲堂”承载着全校教师对学生的美好祝福，愿每名学生都能经历风雨见彩虹，成为一个个充满朝气的阳光少年。阳光讲堂是面对全校学生开展的活动课，分别在低中高年级开设，每月一节，由资源教师负责，班主任、任课教师和家长积极合作。

资源中心在每学年初均会邀请心理观察员（班主任）填写登记表，通过信息整合，一方面邀请心理教育专家对全体教师开展培训，优化特殊需要学生的教育环境，一方面依据全体学生普遍存在的成长需要，在班级中开设阳光讲堂课程。例如，二年级学生在问卷中反映，迫切希望学习情绪控制与人际交往的技能。因此，资源教师结合《中小学心理健康教育指导纲要》和学情特点为学生研发课程，让他们通过亲身体验的方式，学会怎样控制情绪，建立良好的伙伴关系。如：“我是谁”“情绪娃娃”“海龟妙招”“找朋友”等。面临毕业的高年级学生即将或已经进入青春期，为了解决中、小衔接的各种问题，资源中心在开设青春期教育讲座“青春不迷茫”的基础上，又分别开设了青春期教育系列课程。如“生命的律动”“交往有分寸”“做个受欢迎的人”“我的时间我做主”“零散时间有大用途”“记忆有妙招”“学习有策略”“战胜挫折”“认识压力”“心灵马杀鸡”“美好的祝福”等。

（四）隐性课程的开发与实施

1. 家长课程

对家长的心理辅导和专业支持，虽不是直接面向特殊教育需要学生的课程，但家人是陪伴学生时间最长的人，优化学生的家庭环境对于他们的成长具有重要意义。

个性化家长讲堂由专家学者或学校资源教师不定期开展，与老师们一起接受融合教育培训。相关主题包括注意力缺陷多动障碍的诊断与干预、孤独症的相关表现和辅导策略等，帮助学生家长调整认知，令其正确看待和理解自己的孩子，从而更加专业地帮助孩子。

个性化家长咨询由资源教师开展，班主任和家长支持配合。班主任和家长共同提出申请并提前预约，资源教师会和班主任、家长三方合作开展个性化家长咨询，商讨辅助学生健康成长的策略和方法，帮助他们塑造积极行为。

2. 校园文化活动

让学习成为好玩儿的事，让学生天天盼着上学，是学校一直努力践行的理念，资源中心也为此开展了一些校园文化活动。为了培养学生勇于挑战、勇往直前的精神，每月都会举办校园吉尼斯体质健康大赛，资源教师带领由学生志愿者组成的“评审委员会”举行评审活动。教师倾听学生的心声，雅和心苑（心理咨询室）每周在固定时间向全体学生开放，由心理学专业的资源教师陪伴着学生共同成长。除此之外，资源中心还开展了许多欢乐无限的主题文化活动，这些特殊需要的学生也乐在其中。为帮助一年级学生实现幼小衔接，自然地适应小学生活，开设了欢乐无穷的节日课程，如“游戏节”“童话节”等。为培养学生的性别意识和社交礼仪，创办了“男孩儿节”“女孩儿节”，锻炼男孩儿的坚强意志和女孩的优雅开朗。为培养学生的感恩之心、助人意识和理财能力，开设了“物品交换节”。为了让学生们更加亲近自然，每年冬季都会开展“冰雪运动会”。

四、资源中心课程评价与管理

强有力的支持系统是资源中心课程建设的保障。资源中心课程开发与实施不仅需要资源教师的专业力量，更离不开校内外领导与专家的广泛支持。从人员组成上来说，支持系统包含校内人员的支持和校外人员的支持两大部分。校内人员的支持来自校长及其他管理者、资源教师和普通教师等；校外人员的支持主要来自各级教育行政人员和专家学者、家长等。其中，各级教育行政人员提供的支持有制定政策、专业技术指导、为资源教师提供专业培训等；专家学者主要来自医学、心理学和教育学等领域，提供医学监测报告分析、干预建议等；心理学、教育学专家为全体教师举办讲座，使学校融合教育氛围更加厚重浓郁；家长给孩子提供心理支持，保障孩子在校外的合法权益，并配合学校做好家庭辅导和训练工作。

在内部和外部双重推动下，学校资源中心的个性化课程建设得到不断发展和完善。资源中心个性化校本课程建设的支持系统见下图。

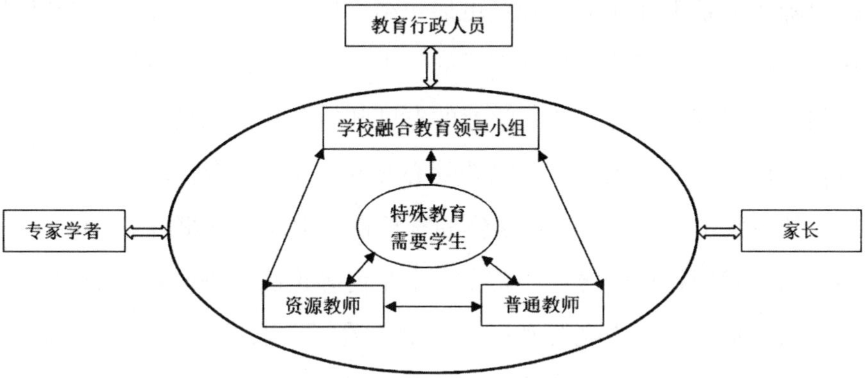

资源中心为每名特殊教育需要的学生建立了成长袋和教师个案管理文件夹，采用“痕迹”管理的方法评价、记录学生的成长轨迹。成长袋中放置《学生班级形成性评价记录表》以及与个性化课程相对应的学习记录，包括学习单、任务单、试卷、作品成就、参与活动的音像资料等。教师的个案管理文件夹中放置个别化教育计划、评估记录、家长知情同意书、个别化训练方案等。资源教师与班主任及任课教师每月定期交流特殊学生的发展状况，通过对个案成长痕迹的收集、整理、分析、运用，及时调整和改善课程教学策略，使其不断生成的新思想、新经验、新方法不断积累再使用，以此过程推动资源中心课程管理的科学化和规范化。

五、资源中心课程实践效果

（一）为学生的成长提供良好的氛围，促进全体学生的健康成长

融合教育就是要为每一个学生提供“适合的教育”，适合教育就是要分析学生的特殊教育需求，为其创设适合的教育环境、适合的教育计划、适合的课程以及适合的策略和方法。先期研究中，我们选择了 24 名学习上有困难的学生，按照特殊需要学生个案管理的方法，为他

们制订个别化教育计划，开展补救教学，进行“学科跟进”。

资源中心个性化课程的开设，促进了融合教育在学校的深入开展，使得师生关系更加融洽，班级更加团结，扶助弱小、关爱他人的风气更加弘扬光大。有特殊教育需要的学生已成为学校的教育资源，他们自强不息、刻苦努力、顽强学习的态度和乐观向上的精神感染、教育着每一位教师和学生。一批批“爱心使者”与“融合班级”也相继涌现。就像其中一名特殊需要学生的家长在给学校的感谢信中所说：“实践证明，我们将孩子送到西总布小学是何等正确的决定！孩子在这里健康快乐成长，备受老师和同学们的关爱！”由此可见，有特殊教育需要学生的快乐感受使无数家庭享受到了社会文明的阳光雨露。资源中心个性化课程的设置不仅使有特殊教育需要的残疾学生享有了平等的优质教育，而且有力地促进了社会的和谐与进步。

（二）为教师的发展搭建更大的舞台

在资源中心个性化课程不断地完善与建设中，举全校之力撰写的西总布小学适合教育系列丛书，包括《西总布小学融合教育的实践与发展》《西总布小学融合教育实践成果集》《西总布小学融合教育实践案例集》《西总布小学融合教育指导中心管理与保障指导读本》《西总布小学融合教育指导中心建设与运作指导读本》等，由中国书籍出版社出版。在北京市教育规划课题《资源教师团队建设研究》和《资源教室的长效机制研究》的基础上，目前正在延伸进行的《融合教育背景下普通小学教师专业素养的实践研究》等部分课题研究成果，如“普通小学融合教育的实践研究”的成果获得了北京市政府颁发的基础教育成果二等奖，论文《尊重学生差异，开展融合教育》被北京出版社出版的《北京市随班就读优秀学校经验》收录。“普通小学资源教师团队建设的实践研究”成果中涉及资源教师团队的构成及使用，资源教师的培养途径和方法，资源教室与学校发展的关系，相关论文和个案研究被北京出版社出版的《北京市随班就读文集》等书收录。其中，王菁校长撰写的《让特殊孩子不特殊》一文发表在《北京教育》杂志上。另外，在王菁校长的引领下，多位老师的研究成果在市区各级各类教育教学评比中获奖，如：刘腾玲老师撰写的《爱心智能温润融合教育》一文获得北京市“读、用《北京教育丛书》”论文征选一等奖；马艳伟老师《9 的乘法口诀》一课的教学设计获得北京市融合教育学校课堂教学课例评选一等奖；在第十届“东兴杯”融合教育教师课堂教学评比与展示活动中，我校更是一举夺得了语文、数学两个学科一等奖，一个英语学科二等奖的好成绩。

（三）为学校的发展开辟了更广阔的空间

自我校于 1999 年成为东城区“聋童随班就读实验学校”以来，一直致力于以资源中心课程建设为核心的“融合教育”的研究与实践。学校先后十余次承担北京市、东城区的随班就读现场会、研究课、公开课活动，在东城区特教工作会上获得了东城区随班就读工作先进集体称号，学校的随班就读教研组连续三次获得了市级优秀教研组称号，被东城区命名为“青年文明号”。2006 年我校被东城区命名为“融合教育特色学校”，2007 年被北京市评为随班就读先进校，2012 年被评为北京市资源教室建设与运作示范学校。2016 年，我校在全国资源教室建设与运作交流大会中做主题发言，又于 2019 年分别在教育部全国特殊教育干部培训班和《残疾人教育条例》立法后实施情况和推进项目中为全国特殊教育同行做了实地观摩交流的专题报告和展示课。二十年来，我校先后接待了澳大利亚、世界人权组织、英国救助儿童会等国外同行的来访，接待了全国随班就读工作会的代表来访，学校工作受到好评。随着融合教育工作的深入开展，我校知名度不断提高，许多残疾学生家长也都慕名而来。

六、结语

总之，二十年来，西总布小学融合教育资源中心的课程建设，在市区教委和特教中心的精心呵护下不断成长，逐步壮大，同时也在自身的不断努力下逐渐走向成熟。但我们深知，融合教育之路仍然遥远，还很漫长，在推进融合教育的发展中我们永远在路上。因此，我们期待在各位领导专家的指导和帮助下，在这片天地中，不忘初心，坚守使命，为有特殊教育需要学生的健康成长与我国融合教育的发展而躬身屈膝，努力前行！

西总布小学学校本位融合教育试点研究报告

▌西总布小学　王　菁　李　鹏　郝建新　张　颖　胡海妮　杜海鹏

2017 年 4 月至 2017 年 11 月期间，西总布小学以“学校本位融合教育实践推进评量系统”为推进工具，以“个别化教育计划表件”的修订为研究任务，开展了“学校本位融合教育现场行动方案”的试点研究工作。目的是希望通过此次试点研究，能够获得在学校本位的融合教育中有效解决问题的策略和方法，为北京市融合教育学校提供一手数据，积累实践经验，从而有效推进全市的融合教育工作。

按照项目要求，我们主要围绕着“评估分析——计划实施——总结调整”的工作轨迹，较为圆满地完成了项目的试验工作，现就“科学评估，了解现状，制定方案；修订 IEP（个别教育计划），创设环境、调整课程；学生双赢，教师成长，学校发展”三个方面进行汇报。

一、科学评估，了解现状，制定方案

在本次研究推进中，我们以“学校本位融合教育实践推进评量系统”为推进工具，按照实施方案分别在 2017 年 4 月、6 月和 10 月，以学校含有随班就读学生的全部融合班级为研究对象进行了三次自我评量，结果见下表。

融合教育四个层面总分及加权平均数统计表

实施指标各层面名称	指标数量	各层总分	第一次评量（2017.4）		第二次评量（2017.6）		第三次评量（2017.10）	
			得分	平均分	得分	平均分	得分	平均分
一、学校师生接纳与关怀	12	84	81	6.7	81	6.7	84	7.0
二、学校课程与教学调整	12	84	50	4.1	55	4.5	83	6.9
三、学校资源与支持系统	12	84	77	6.4	78	6.5	84	7.0
四、无障碍环境与辅助科技	12	70	38	3.8	39	3.9	67	6.7

从表中可以看出“学校本位融合教育实践推进评量系统”分别从“学校师生接纳与关怀”“学校课程与教学调整”“学校资源与支持系统”“无障碍环境与辅助科技”四个层面来评量学校融合教育工作的整体情况。从“融合教育四个层面的加权平均数矩阵图”中的得分情况看，西总布小学在“学校师生接纳与关怀”“学校资源与支持系统”两个方面始终处于高位态势，最终达到满分状态。在“学校课程与教学调整”“无障碍环境与辅助科技”方面，也实现了由小幅迈进到跨越式的发展格局。

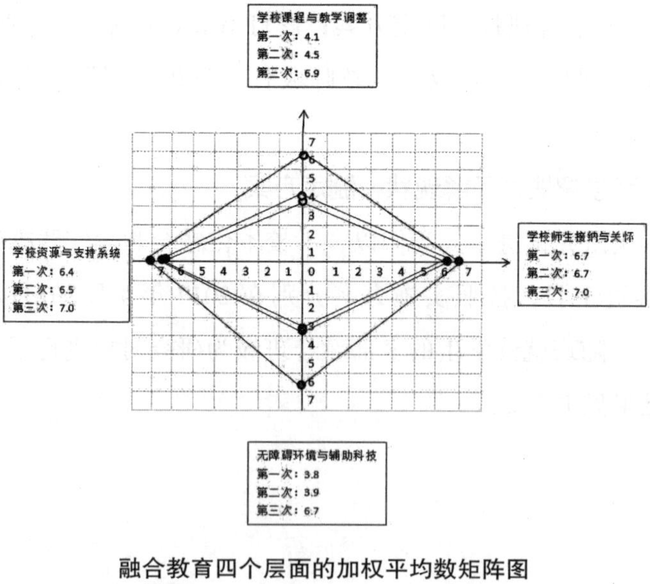

融合教育四个层面的加权平均数矩阵图

通过比较，发现这些喜人局面主要是从各层面以下几项指标的评量中取得了较大的进步。

各层面转变较为显著的指标

各层面转变较为显著的指标	第一次评量分数	第二次评量分数	第三次评量分数
2-5 教师会用各种教学媒介、材料及辅助科技，协助有特殊需要的学生学习	2	2	6
2-9 教师会依据有特殊教育需要学生的状况指导并教会其适合的学习策略	2	2	7
2-12 教师能针对有特殊教育需要学生的行为问题，进行适当的评估及行为支持	2	2	7
3-5 执教有特殊教育需要学生的科任教师会获得学校特殊教育教材教法的资源或支持	2	2	7
4-7 学校能组成或聘请相关专业团队评估有特殊教育需要的学生所需的辅具	1	1	7

二、修订 IEP，创设环境，调整课程

针对前两次评量结果，校行政集体经过充分研讨，一致认为：学校本位融合教育的实务推进，教育教学质量的提升重在“务实”，重在了解实际问题，追根溯源精准解决。因为各层面指标虽然相对独立，但也相互影响，所以领导集体并没有采取“打补丁”的方式简单处理，而是制定了一套标本兼治的可持续发展策略。

（一）深入培训，理解新版个别化教育计划的内容与结构确定分工

个别化教育计划是为有特殊教育需要的学生能适应普通学校的教育而量身定制的教育方案。对于教师而言其重要性如同打开秘密宝藏的金钥匙。因此，开学之际，学校的融合教育指导中心与区特教中心便携手展开了“如何有效制订个别化教育计划”的全员培训。本次培训我们尝试将台湾版个别化教育计划和课程教学调整表件拆散重整，做了本土化改造。如，把能力评量指标、学科目标调整方案、问题行

为处理方案、转衔与服务追踪记录等作为附件处理，使之以插件形式出现，不仅便于老师们快速理解和掌握新版个别化教育计划的内容结构，而且也不失原版计划对于有特殊教育需要学生产生的积极作用，这一举措得到了参训教师的一致赞同。另外，通过培训，老师们也明确了新版个别化教育计划各部分内容的填写分工和填写要求，以及附件内容的应用。如，课程教学调整方案由融合教育指导中心制定；学生能力现况分析部分由资源教师组织相关人员召开个案分析会共同完成；特殊教育及相关服务与支持、教材内容的调整及考试评量方案等由学校融合教育领导小组研究填写。通过表件内容的重整和分工，为后续课程教学在调整与实施层面奠定了良好的基础。在初步撰写制定后，资源教室则聘请特教专家，对 12 份个别化教育计划逐一做了详尽的批改，修订完成后在资源教室备案。

（二）召开个案分析会，进行有效诊断与评估

在各部门紧张又忙碌地制订新版个别化教育计划的同时，资源教师带领融合班级的任课教师，逐一召开以“诊断评估”为主要内容的个案分析会。讨论中，各学科教师在参考医学评估中标准化评量报告的同时，一边积极阐述着这些有特殊教育需要的学生在本学科中的特殊表现，一边详细记录着这些孩子的典型能力特征，依据在先期培训中所掌握的生态化评估理论确定教育起点。此次分析会，涉及教师人数、学科众多，虽然占用了老师们大量的课余时间，但他们获得了关于学生的大量的宝贵信息，得以全面深刻地认识学生，因此老师们纷纷表示确有必要，“会”有所值。这些学生信息也为资源教师开展有针对性的课程教学调整、选择教学内容和方法、编制教学计划提供了一手数据。

（三）为 IEP 的落实，提供全方位的支持

落实 IEP 需要全方位的支持，融合教育环境的营造，主渠道的课

程调整和学生自身情绪行为的干预等。全方位的支持，就需要各部门的实质参与，有效管理，资源教室要发挥其整合、协调、监控功能。

1. 全员参与，营造全方位的融合教育环境

西总布小学这个大家庭是由全体学生、教师和家长组成的，融合教育环境的创设需要我们建立共同的信念，抓好三支队伍，共同努力，创设最适合的教育环境。

面对新情况，教师队伍克服紧张、焦虑情绪，掌握教育方法。近年来，越来越多的自闭症学生和情绪行为障碍学生来到学校。由于之前与这类孩子没有接触，对他们不够了解，师生都有些茫然，有些束手无策，为此学校融合教育指导中心及时邀请专家为全体教师进行“自闭症教育干预临床师资培训”，参加“给予学校的儿童青少年心理健康促进提高班”的学习。在专业人士的引领下，我们对自闭症孩子有了更全面的了解，对他们的特殊教育需要更加清晰，对给予他们最有效的支持方式更加明确。

面对教育对象的多样化和教师可能产生的急躁、焦虑情绪等，我们邀请了区教师研修学院的赵晓颖老师进行主题为“为学生擎起一片蓝天”系列心理培训，邀请杜志勇主任为全体教师进行“悟本质规律 弃功利虚名 修持浸润之心”专题培训，为全体教师提供心理支持，教育全体教师尊重生命的多样性，尊重、关爱、信任每一位学生，用信任树立学生的自尊，用欣赏增强学生的信心，引导每一位学生健康成长。在建立新理念、树立新观念的基础上，学会新方法。在教师队伍中班主任队伍是建设融合教育班级环境的关键，为此我们邀请区特教中心教研员到校座谈，制定了融合班级建设方案，利用班主任校本培训时间进行班级建设的研究、讨论，大家共同摆问题，做分析，探方法，取长补短，共同提高。

搭建交流平台，促进家长相互学习。家长工作方面，努力打造家

校共同体。我们利用《葵花园》校报中的家教版对家长进行培训。每期都会选择家长普遍关注、困惑或应该了解的内容，也会刊登家长撰写的家教文章供大家分享、学习。通过举办家长学校，聘请心理教育专家为全校家长进行“原生家庭对孩子健康成长的影响”等专题讲座，从心理学角度解读家庭融合、班级融合、学校融合教育的重要性以及教育的策略与方法，收到良好效果。

培养学生爱心，建立共同成长的平台。融合教育环境的创设更离不开学生。我校学生具有良好的文明礼仪习惯，乐于帮助有困难的同学。残障学生在人际交往和沟通方面存在较大障碍，使普通学生不能很快与他们建立联系。班主任老师在他们进入班级后，会利用班队会时间让孩子们自我介绍，并告诉孩子们：我们来自不同的家庭，很多方面都不一样。现在我们是一个集体，就像一家人，要互相关心，互相帮助，互相谅解，共同进步。在落实新版《中小学生守则》和《北京市中小学生日常行为规范》过程中，以培养学生的良好品行为目标，通过评选“美德少年”“美行少年”“校园之星”引领学生塑造美的心灵、美的形象。

如今，全校师生、家长在校训“爱，让心灵充满阳光”的引领下，奉献自己的爱心，努力为每一名学生创设最适合的教育环境。

2. 精心设计多彩活动，让学生在过程中实践融合

融合教育的最终目的是真正满足学生长期的需求。学校开展的各项活动是残障学生融入班级、融入集体的最佳载体。学校的活动丰富多彩，我们遵循“活动前精心策划、活动中细心组织、活动后用心总结”的规律，借助每一次活动，为他们创设融入集体的机会。

学校每年都有一些常规的传统活动和时令活动，在活动前我们都进行精心的策划，针对学校不同类型的残疾学生做一些预案，有时还和融合教育指导中心一起为残障学生和其所在的班级组织一些特色活

动。在每次的活动中都要求班主任教师不让残障学生成为看客，都要有他们的实质参与和实际获得。

在落实新版《中小学生守则》的校园剧的表演中，二年级的班主任孟红老师精心策划，请自闭学生小宇参与其中，扮演角色。在一次次的排练中，小宇逐渐融入团队，圆满地完成了表演任务。在“经典诵读”展示活动中，五年级的班主任于菁老师请自闭学生小丁承担了一段重要内容的诵读任务。当听到小丁声音洪亮，充满情感与同学配合默契的诵读时，全校师生给予了热烈的掌声。在师生到义利食品公司开展义卖实践活动中，班主任妥善安排残障学生，使他们在小组中得以顺利体验面包的制作过程，品尝劳动的喜悦。班主任非常重视活动后的总结，一方面让普通学生感受到给予别人必要的帮助是最快乐的，另一方面让残障学生体会到融入集体的幸福，增强与人交往的自信。

3. 多元评价，让学生在成功中享受融合

学生的能力是多方面的，每个人都有各自优势。学生在学习中表现出来的能力不是单一维度的反映，而是多维度、综合能力的体现，因此对学生的评价应该是多方面的。多元评价体现主体多元化、内容多维化、方法多样化，以促进学生全面发展。

评价主体除了教师外，还有学生家长、学生、助教以及学校以外的其他有关人员。应充分发挥评价主体的作用，使评价结果更为客观，激发学生的积极性。

评价内容依据每个人都各有所长，综合各方面内容对学生进行评价，特别是对残障学生，如果全部与普通学生的评价内容一致，那他们就不易获得成功的体验，从而失去成长的信心与动力。

评价方法多样化。针对不同的目标领域（认知领域、技能领域、情感领域），要选用不同的方法对学生进行评价。对于学生行为和情感的评价，我们通常采用访谈、观察、实践效果等方法。

感受成功是教育中非常重要的激励因素。我校所有残障学生均享有与普通学生同样的学习、活动、受表彰的机会。对于他们是否成功有着不同的评价标准。在“校园之星”的评选中，我们针对自闭症和情绪行为障碍问题学生增设了“遵规守纪进步之星”，二年级的自闭症学生小瑞，在与其他学生一起上台领奖时，当他的照片出现在“身边榜样”的宣传栏里时，他腼腆地笑了。在以后的日子里，小瑞的行为更加规范了，更愿意接受师生对他的指导与建议了。

学校开设了科技、体育、艺术类课外活动社团。我校所有有特殊教育需要的学生均享有与普通学生一样的选择机会。小然听力有障碍，但她喜欢朗诵，加入了小主持人社团；小丁虽然已是身高一米八的大小伙子，但他喜欢动手制作，加入了科技小能人社团；小瑞喜欢科技，虽然科技社团只招收三至六年级的学生，但学校仍然为他提供学习的机会……当看到他们津津有味地认真学习时，老师们的心中漾起的是欣慰、幸福、感动的涟漪。

了解孩子的特质，给予孩子适当的帮助和鼓励，用我们的爱心为他们助力，用我们的智慧为他们导航。帮助这些孩子学会生活、学会求知、学会生存、学会交往，使其融入社会、感受生命、享受生活是我们师者的最大心愿。

4. 教学过程管理处处体现融合

学校教学工作整体是一盘棋，每一个工作环节就是每一步棋子要按照规则移动，才能做到教学工作有序整体推进。融合教育工作写进了学校的“十五规划”到“十三五规划”，在每个学期的学校工作计划中，有单独的融合教育工作计划；在每次的教研活动中，有针对课题研究的专题研讨、听评课安排，在每节课的教学中有学校独有的教案模式，以及针对性强的参与形式及设计意图；在综合实践课程中，有单独设计的活动方案和助学安排；在课程测试中，有为特殊需要学生安排的特殊考场、环节、试卷、监考教师。在课程评价时，有主要侧重于学习兴趣、学习态度、学习习惯的测评，在学生能尽力达到的分数范围内给予优秀成绩的肯定和奖项；针对有特殊教育需要学生参与的行政听课、推门课、青年教师课堂等，给予多元化的教学策略评课和评价。学校教学管理对融合教育的认识不断深化、及时调整、改进管理模式和方法，融合教育已成为学校常态、长效工作，我们把“零拒绝”的入学接纳，规范到教学的各个环节，营造和谐的学习、生活氛围，以保证有特殊教育需要的学生“进得来，留得住”，并在其接受的范围内学得好，有实际获得。

5. 课程调整过程有效落实融合

调研中，我们总结出以下课程调整中存在的问题：新教师无从下手；重策略使用，缺乏整体设计；策略单一，不能满足学习需求；调整的内容不适合学生学情等。课程调整的问题严重阻碍融合教育的课堂教学质量。

在学校本位融合教育现场行动方案中，课程调整是重要措施之一，做好课程调整就解决了随班就读学生“读”的问题，就会使学生在课堂教学中有实际获得。指导教师做好课程调整是教学干部的职责所在，指导、帮助教师做好课程调整是当前最重要的工作。

指导教师做好课程调整。面对调整什么、如何调整的难题，我们主要做好以下几方面的工作：分析学生情况——学习课程标准——选择适合目标——对教学内容进行加工——调整教学策略——改善评价标准。在这个过程中学科教师是主力，教学处的角色是导演、参谋和实战指挥员。

在参与学生个案分析后，充分了解每个学生的学习状态，根据学生的残疾情况、学业水平，做好教学定位。在课程调整中，教学处的导演角色是指要对需要课程调整的方案心中有数，帮助教师从课程目标和学生发展的角度整体把握调整幅度，把握好整体设计问题，防止教师出现短期效应，即头痛医头、脚痛医脚。导演要在学习课程标准和选择教学目标环节充分发挥作用。教学处的参谋作用主要指，在教师对教学内容的再加工、教学策略的选择和改善评价标准时，给予任课老师意见和建议，要让教师感到自己不是在孤军作战。在教学调整中，教学处要通过教学过程的管理参与实战，指导教师不断地调整和完善教学课程。

我们依据学校本位融合教育课程调整的基本方法，将以往的分层设计教学目标、助学小伙伴参与，提供文字、卡片学习材料，协同教学等教学策略等进行梳理，对教学目标、教学内容的简化、减量、分解、减少、替代等进行分析，逐步从抽象到形象，从而与课程调整的目标、内容、策略、评价一一对应，使老师们感到我们有实践也有经验，从而树立信心。

指导实践，关注学生在课堂中的实际获得。如何兼顾普通学生和有特殊教育需要的学生一同在有限的课堂上学习，我们特召开教学研讨会，请专家辅助备课、磨课继续开展展示课。在这个过程中，老师们提升了融合课堂教学的专业技能，特殊教育需要学生有了实际获得。比如：面对智力残疾的学生，教师在课堂教学时，能依据其学习特征和学习需求，进行个别化的教学进度调整，通过图文并茂的识字卡片、数字配对、点读指认等教学策略，让学生能了解课程内容并达成既定目标；通过助学伙伴和陪读教师的协同教学，帮助肢体和语言障碍的学生通过边背诵“摇一摇”再“跳一跳”的口诀，边利用跳绳模仿练习，以此发展上下肢的协调性和锻炼粗大动作的能力；利用各类适合的教学媒介及辅助科技协助有特殊教育需要学生学习，通过音响效果激发唱游兴趣；通过融合教育活动和各类班级管理策略，以及设置不同的学习单和作业难度或开展“同自己比一比”的活动，为其提供展示才艺或获得奖励的机会，让所有学生在评量中都能展现优势能力，以营造出融洽的班级氛围等。老师们在教学实践后普遍感到，通过课程的调整，和学生一起找到了自信，感受到问题解决的快乐。

6. 在课题研究教学中提高能力和水平

实践证明，融合教育的教学实践是教师专业发展的一个重要途径。几年来，学校骨干教师的成长都经历了从学生的实际情况出发调整教学目标、选择教学内容、采取有效策略、进行课堂教学尝试，有效评价的教学过程历练促进了教师的成长。在骨干教师的带领下，资源教师团队力量在不断扩大，形成了我校融合教育教师团队培养模式，即“全员培训打造基础，骨干培训构建团队，个别培训确立核心”。通过专业化培训，教师在课程观、教学观、教材观、学生观、评价观等方面不断更新，把有特殊教育需要的学生与普通学生在学习方面所表现的差异视为一种资源，结合自己的教育教学经验，重新建构出全新的专业理念体系。学校里，我们的老师都拥有阳光心态，非常肯定付出即有收获；我们可以教会任何层次的学生，再困难的学生都会在每节课中有独立的收获；我们善于总结反思自我的问题，不为自己找借口。

融合教育的研究成败在于坚持，在于关注细节，我们将继续坚守课堂教学主阵地，以学生需求和实际获得为本，继续前行。

三、学生双赢，教师成长，学校发展

近一年的项目推动使我们在融合教育的道路上又前进了一大步。首先表现在实现了“普特学生”的双赢目标。普通学生在面对生命的多样性方面，胸怀更加开阔，更加包容；残疾学生在西总布小学的大家庭中，受到了更多的关心和帮助，自身得到了较大的发展。其次是我们的教师，每个人都有自己的融合教育故事，在故事的创作中同步提升了普特教育相融的复合型专业素养，为自己的教育生涯添加了浓墨重彩的一笔；最后是我们的学校，在教师与学生双重发展的带动下，社会声誉以及教育教学质量得到了提高，落实了以融合教育为特色、以适合教育为办学理念的发展目标。